领导方法与领导艺术

晓山 ◎ 著

· 北京 ·

国家行政学院出版社
NATIONAL ACADEMY OF GOVERNANCE PRESS

图书在版编目（CIP）数据

领导方法与领导艺术 / 晓山著 . —北京：国家行政学院出版社，2023.4
　ISBN 978-7-5150-2778-4

　Ⅰ.①领… Ⅱ.①晓… Ⅲ.①领导方法②领导艺术 Ⅳ.①C933.22

　中国国家版本馆 CIP 数据核字（2023）第 029243 号

书　　　名	领导方法与领导艺术 LINGDAO FANGFA YU LINGDAO YISHU
作　　　者	晓　山　著
责任编辑	王　莹　马文涛
出版发行	国家行政学院出版社 （北京市海淀区长春桥路 6 号　100089）
综 合 办	（010）68928887
发 行 部	（010）68928866
经　　　销	新华书店
印　　　刷	北京盛通印刷股份有限公司
版　　　次	2023 年 4 月北京第 1 版
印　　　次	2023 年 4 月北京第 1 次印刷
开　　　本	170 毫米×240 毫米　16 开
印　　　张	12
字　　　数	155 千字
定　　　价	36.00 元

本书如有印装问题，可联系调换，联系电话：(010) 68929022

自　序

　　领导工作实际上是认识活动和实践活动的统一。领导方法是领导干部从事领导活动的方式和手段，科学的领导方法是现代领导的必备条件，只有掌握并善于运用正确的领导方法，才能取得良好的领导绩效。领导方法既是一个理论问题更是一个实践问题，领导干部需要在实践中不断丰富自己的领导经验，从而系统掌握领导方法，并且根据领导工作的需要选择和运用最佳的领导方法；要在"结合"上下功夫，加持理论与实践相结合、领导工作与群众工作相结合、普遍性与特殊性相结合等原则。

　　领导艺术是指在领导的方式方法上表现出的创造性和有效性。一方面是创造性，是"真""善""美"在领导活动中的自由创造。"真"是把握规律，在规律中创造、升华到艺术境界；"善"就是要符合政治理念；"美"是指领导行为使人愉悦、舒畅。另一方面是有效性，领导实践活动是检验领导艺术的唯一标准。主要包括决策、创新、应变、指挥、统筹、协调、授权、用人、激励的艺术。

领导方法离不开领导艺术，领导方法只有通过领导艺术才能体现出来；领导艺术也离不开领导方法，领导艺术是以领导方法为前提的，是在熟练掌握领导方法之后不断创新、不断发展的。

领导方法与领导艺术，是每一位领导干部在实施领导过程中不可回避的，无时不有、无处不在。领导方法与领导艺术又是随着时间、空间、对象的不断变化而千变万化的。这就需要领导干部真正做到与时俱进，不断地学习借鉴、不断地总结提高。

笔者将近年来撰写的 26 篇关于领导方法与领导艺术的文章结集成书，取名为《领导方法与领导艺术》，实属一家之言，仅供参考。

是为序。

目　录

上编　领导方法　/ 001

领导干部方法论　/ 003
领导能力十八法　/ 014
健康成长十八法　/ 020
适应能力十八法　/ 028
沟通能力十八法　/ 034
写作能力十八法　/ 039
领导智慧十八法　/ 050
管理技巧十八法　/ 059
识人用人十八法　/ 065
领导修炼十八法　/ 072
总结经验十八法　/ 079
干好工作十八法　/ 088
读书学习十八法　/ 100
调查研究十八法　/ 106

下编　领导艺术　/ 111

领导工作之原理　/ 113
领导工作之方法　/ 119
领导工作之禁忌　/ 125
领导用人之道　/ 131
领导管理之技巧　/ 137
领导交往之原则　/ 143
领导威信之源泉　/ 149
领导魅力之塑造　/ 155
领导影响力之路径　/ 161
如何提升领导干部的通识力　/ 167
如何提升领导干部的学习力　/ 173
如何提升领导干部的预见力　/ 179

后　记　/ 185

上编

领导方法

领导干部方法论

方法论是指人们认识世界、改造世界的总的根本方法。方法论正确，可以事半功倍。方法论是关于方法的方法，它超脱于具体的方法之上，具有规律性、原则性、普遍性，可以帮助人们寻找方法、创造方法、运用方法和发展方法。掌握了科学的方法论，就如同找到了正确认识问题、分析问题、解决问题的"金钥匙"。耶鲁大学前校长理查德·莱文曾说，真正的教育不传授任何知识和技能，而是培养4种软实力：一是通识，二是独立思考能力，三是终身学习能力，四是领导力。这4种软实力就是通过教育获得的方法论。领导干部最根本的就是掌握"怎么看"的世界观和"怎么办"的方法论。恩格斯曾说："马克思的整个世界观不是教义，而是方法。"毛泽东同志曾指出："不解决方法问题，任务也只是瞎说一顿。"习近平总书记指出："改革开放是前无古人的崭新事业，必须坚持正确的方法论。"新时代优秀领导干部，必须掌握科学的方法论，不断接受马克思主义哲学智慧的滋养，增强辩证思维能力，提高驾驭复杂局面、处理复杂问题的本领，从而更好把握发展规律、把准时代脉搏、推动社会发展。

一、基本素质和综合素质要好，要有潜质、潜能。根据国外人力资源管理的"水下冰山理论"，可以将领导干部的能力引申为学历、经历、政绩、专长等可见的"水上部分",个人品德、心理素质、社会角色、心理内驱力等不易看见的"水下部分",即潜质、潜能。新时代的领导干部既要政治过硬,也要本领高强。没有本领当不了领导,也当不好领导。打铁还需自身硬,为官更要本领强。没有金刚钻,揽不了瓷器活。坚持和发展中国特色社会主义是前无古人的事业,进入新时代,事业要发展、难关要攻克、风险要防范,必然要求各级干部具有新气象、新作为、新素质、新本领。没有干事创业的"两把刷子",当干部就会心有余而力不足,甚至被时代淘汰。只有不断掌握新知识、熟悉新领域、开拓新视野,才能全面提高领导能力和执政水平,使自己的能力素质跟上时代节拍、与岗位职责相匹配。既要重素质又要重潜质,既要看显能又要看潜能。素质为立身之本,潜能是发展之基。再好的调料没有好的食材也做不出佳肴。领导干部的素质和显能决定了当前能做什么事、能把事情做得怎么样,潜质和潜能决定了能走多远、能飞多高。唯有不断提高履职尽责的能力、积蓄未来发展的潜力,方能夯实干成事的硬基础,增强干实事的原动力。没有最好,只有更好。世界不断发展进步,党和人民的事业也在不断发展进步。敢于超越自我,勇于追求卓越,才能不断跟上发展的步伐。善于准确认识自己、认识工作、认识大势,才能不断给自己提出更高目标和标准。主动与自己较劲,敢于挑战自己、挖掘自己、突破自己、超越自己,才能争取更大的进步。新时代优秀领导干部,要努力增强适应新时代中国特色社会主义发展要求的本领,全面提升综合素质,时刻保持能力不够的危机感、本领不足的恐慌感,紧跟时代步伐,不断挖掘潜能潜力,做到政治过硬、本领高强。

二、有事做时要认真做事,无事做时则认真读书,学会等待和积累。《菜根谭》有言:"伏久者飞必高,开先者谢独早。"凡事都有一个过程,只有量变达到一定程度才会质变。领导干部认真做事、认真读书都是善于等待和积累的一种表现,沉得住气、静得下心,循序渐进、蓄势待发，才能厚积薄发、一鸣惊人。积微才能成著，水到方可渠成。饭要一口一口吃，事要一件一件干。凡立功名于世者，无不是从小处做起、从实事干起。凡事都要讲究循序渐进，有了量变才会有质变，忽视客观规律反而会离目标越来越远。不能只热衷于做"质变"的突破工作，更要注重做"量变"的积累工作。机遇总是青睐有准备的人。艰难困苦，玉汝于成。干部成长进步是一步一个脚印地从量的积累到质的飞跃的过程，就是知识能力的提高、经验政绩的积累、职务资历的"墩苗"，是射出成功之箭的张弓蓄势。学习实践是成才成功的必由之路，只有活到老学到老，不断用知识和智慧武装自己才能成就精彩人生。有实力才能从容应对一切。早熟的果子长不大，拔苗助长易夭折。当干部，等待的过程就是实力积累的过程。不经过千锤百炼，根基浅、腹中空，就算到了重要岗位，也往往难以胜任。有实力才能够使组织放心，才能真正使人民满意，也才能够履职尽责，应对发生的一切。新时代优秀领导干部，必须永葆对党和人民事业的满腔热情，学会在等待和积累这个引起质变的内因上下功夫，多学习适应时代发展需要的知识，多到基层一线和不同岗位磨炼自己，在急事、难事、大事中壮壮筋骨，主动适应外因环境需要、组织需要和事业需要，在工作中交出一份新气象新作为的合格答卷。

三、干部是一块砖，哪里需要哪里搬。 如果把党的事业比喻为宏伟的建筑，千千万万块砖石就是它的基础，没有一砖一瓦的支撑，宏伟的大厦是建不起来的。听党的话，做党的人。习近平总书记反复强调："全党同志要强化党的意识，牢记自己的第一身份是共产党员，第一职责是为党工作。"组织是最大的靠山。只有时刻想到自己是组织的一员，才能时刻不忘自己应尽的责任和义务，始终相信组织、依靠组织、服从组织、敬畏组织、感恩组织，自觉接受组织安排和约束，任何时候都与党同心同德。担当诠释忠诚，奉献彰显价值。我们党就是有了焦裕禄、孔繁森、杨善洲等这样"一块块砖"，才有了社会主义事业的宏伟大厦。在其位，就要谋其政；干其事，求其效。以忠诚之心对待组织，以平常之心对待名利，以奉献之心对待事业，心甘情愿消耗自己，才能在本职岗位上服务人民，在民族复兴征途上成就自我。但行好事，莫问前程。领导的精髓就是奉献与牺牲。能在党团结带领全国各族人民为实现"两个一百年"目标而奋斗的过程中奉献自己，是人生之大幸，理当倍加珍惜。不论官位大小，都要把全部心思和精力放到干好工作上，从事关人民群众切身利益的点滴小事做起，正确看待荣辱得失、进退留转，积极应对各种复杂难题的考验，提升自己应对各种现实问题的能力，以一流的业绩接受组织挑选，在干好事业中实现人生价值。新时代优秀领导干部，要始终"不忘初心、牢记使命"，将自己的命运与国家的脉搏紧紧相连，自觉服从组织安排，听从领导指挥，牢固树立正确的政绩观、舍得放下个人得失，时刻准备着以饱满的热情和激昂的斗志迎接风险挑战，踏踏实实履行好党和人民赋予的职责，做到平常时候看得出来、关键时刻豁得出去、危急关头顶得上去。

四、不是爱一个地方就去那个地方，而是去了一个地方就要爱那个地方。 世界上唯一不变的就是变化。一个人不可能永远在恒定不变的环境中工作和生活，只有不断调整适应，才不会被瞬息万变的社会遗弃。领导干部的职务、工作环境等变动是常态，这是组织需要、事业需要，我们不仅要主动融入、尽快适应，更要充满热爱、努力奋斗。适应是一种能力。安心、坦然面对岗位变动，是做好一切工作的基础，也是每个领导干部应具备的职业道德。现实中，个人喜好同工作岗位、工作环境、工作内容并不总是完全匹配的，不是爱上了哪里就可以去哪里工作、爱干什么工作就可以干什么工作，唯有及时调整自己的心态，才能不断适应不同岗位和形势发展需要。热爱是最好的适应。对工作和生活充满热爱、充满向往，这种适应就会变成享受，内心就会愉悦进而感到幸福，这既是自我调节、舒缓情绪的有效方法，也是干好工作、推动发展的必然要求。反之，如果对事业毫无热爱之情，只把职务当享受，把岗位当饭碗，一有新的变化就抵触，不得已地去被动适应，不但自己痛苦，也会阻碍事业向前发展。到了哪里就是哪里人。岗位的变化不是简单的过渡和跳板，倘若"蜻蜓点水"、混日子，那是愧对组织的重托、人民的期望。一名优秀的干部，无论到哪里任职，都能以主人翁的姿态主动融入、全身心地投入，就能很快进入角色、熟悉情况、干出成绩、赢得人心。新时代优秀领导干部，必须去一地爱一地、干一行爱一行，始终保持一如既往的干事激情，努力提升与履行职责相匹配的能力水平，敏于知变、善于应变，在变中求新、在新中求进、在进中突破，不断适应新形势、抢抓新机遇、推动新发展，把为民的实事办实、好事办好，真正干出一番经得起历史、实践和人民检验的成绩，让成就感激发快乐工作的自觉。

五、要做到按本色做人，按角色办事。按本色做人就是要回归人性的本源，回到自己的本真，实实在在，本本分分；按角色办事就是要立足角色本身，找准职责定位，主动履职尽责。领导干部掌握着权力和利益，时刻牢记按本色做人、按角色办事，守土有责、守土尽责，是做好新时代答卷人的必然要求。表里如一才是真君子。最非凡的成功，不是超越别人，而是战胜自己；最可贵的坚持，不是久经磨难，而是永葆初心。做官先做人，好干部的前提是要做一个好人。不管当多大官，没有好的人品就谈不上好的官品。身居要职而不显摆，有真本事而不狂傲，取得成绩而不炫耀，作出贡献而不张扬，才能像茶叶一样既能浮起来又能沉下去，像喝茶人一样拿得起、放得下。摆正心态才能摆正位置。在其位谋其政、任其职尽其责，离不开清醒的角色意识。知道自己的位置在哪里，知道自己的权力、责任和义务是什么，才能立足当下、专注眼前，扎扎实实干好本职工作，盯住问题攻坚克难，奋发有为、建功立业，道路无论笔直还是曲折、安全还是危险、一帆风顺还是坎坷艰难，都始终与党同心同德、决不动摇。尽职尽责才能以事其业。专注眼前，才能扎扎实实干好本职工作；盯住问题攻坚克难，才能奋发有为、建功立业。当干部把自己的"责任田"种得最高产，才能无愧于党无愧于民。当主角的就要演好主角，当配角的就要演好配角，不能为了出风头、抢镜头而争角色，当然也不要事事等上级来安排，更不能尸位素餐、不作为慢作为乱作为。新时代优秀领导干部，必须把按本色做人与按角色办事有机统一起来，做好自己、当好干部、履好职尽好责，用真我本色出演好人生每一个角色，用使命担当创造出每一个角色的价值，在服务党和人民的伟大事业中成就自我，在通往成功人生的道路上一路前行，永不停歇。

六、先掌控，后创新，再出彩。控制、运行和出新出彩是领导工作中一个循序渐进的过程。控制、运行是前提和基础，出新出彩是提升和创新。掌控是要实现工作的稳步有序推进，创新是实现工作的新气象新发展，出彩是追求工作的新成效新亮点。做好领导工作首要的是能掌控局面，在控制局面的基础上力求改革创新，以求达到新业绩新成效新亮点，千万不能倒着来。稳中求进方能致远。"稳"是"进"的基础、前提，是发展的底线、进步的基石。领导干部新到一个岗位、新任一个职务，首要任务是先熟悉情况、稳定局面，而不能为了打开局面就标新立异，以急躁的心态开展工作，习惯于烧"三把火"，这样不仅不能实现有效运行和出彩，甚至可能会"惹火烧身"出丑出事。创新是一种主动作为。"抓创新就是抓发展，谋创新就是谋未来。"要主动适应新时代新变化新特点，注重改革创新、破旧立新，善于革除工作中一切不合时宜的体制机制和思想观念，善于结合实际创造性地开展工作，善于探索解决问题的新方法、新手段，善于利用互联网技术和信息化手段推动新时代各项改革发展。当然，创新不是胡思乱想、出风头、扮亮点，而是在继承基础上的积极进步。实干才能有实效。领导岗位不是休息场所，如果只是占着位子不作为、出工不出力，那就只是一个庸官、懒官。要找准定位、提高站位，把精力和心思用到干事创业上，恪尽职守、勤勉工作，做出实实在在的成效，不能一张嘴巴到处讲，什么事也不干，那样即使说得天花乱坠也是白搭，还耽误事。新时代优秀领导干部，必须始终坚持稳中求进，把握好推进工作的力度和节奏，防止急躁冒进、急于求成，在已有工作成绩和好做法好经验的基础上创新创造，有针对性地进行再提升、再优化，大胆尝试、永不自满，最终取得新突破、做出新业绩。

七、让学习成为习惯，始终在研究状态下工作。好学才能上进，好学才有本领。学习是个人获取知识、提高素质、增长本领的重要方式，也是民族和国家传承文明、繁荣进步的重要途径。只有把学习变成习惯，坚持在研究状态下工作，才能以学益智、以学修身、以学增才，不断提高工作水平。"学者非必为仕，而仕者必为学。"干部是干出来的，也是学出来的，不学习不思考便是一介俗吏。学习是思考的基础，思考是学习的深化。只学习不思考，就会被知识的表象所蒙蔽；只思考不学习，就会因为疑惑而更加危险。只有勤于学、敏于思，勤学善思、知行合一，才能成为一名优秀的领导干部。事有所成，必是学有所成。习近平总书记指出："中国共产党人依靠学习走到今天，也必然要依靠学习走向未来。"随着社会的发展、时代的进步，知识更新的速度越来越快，如果不注重学习，就会认知老化、思想僵化、能力退化，贻误党和人民的事业。坚持在学习中坚定信念、提升境界，增长知识、增强本领，是胜任领导职责的内在要求和必经之路。在学中干、在干中学。当干部要有经验，但光有经验还不够，情况变化太大、太快，关键是要学习思考研究。处处留心皆学问。多作调查研究才能少一些主观臆断，才能在思考研究中把握工作规律，提出解决问题的办法措施，融会贯通、举一反三，把学到的知识运用于实践，又要在实践中增长解决问题的新本领。新时代优秀领导干部，要把学习作为自我完善、自我提高的追求，把学习作为更好为党尽责、为民造福的责任，把学习养成习惯、形成自觉，做到活到老、学到老、改造到老；要在实践中加强总结反思，在交换、比较、反复中，学会透过现象看本质，提升理性认识、掌握客观规律，不断提高思想水平和理论水平。

八、注重反思、学会总结，不贰过。善于总结反思，既是工作要求，也是人生智慧。总结反思的过程就是融会贯通、学以致用的过程。有所思才能有所得，思之越深，所得也会越多。没有总结反思的意识和能力，是做不好领导工作的。只有学会科学地总结反思，才能汲取成功的经验、吸取失败的教训，少走弯路与错路。智慧源于反思，进步来自总结。"温故而知新""鉴往知今"，总结与反思可以给我们带来智慧和进步。曾子说"吾日三省吾身"、毛泽东同志的"靠总结经验吃饭"，都是在不断总结过往、反思自己的过程中，将思想中"碎片化"的认识归纳起来，寻找出事物的本质和规律，及时发现、修正自身的缺陷和不足，从而不断从胜利走向胜利，从成功走向成功的。好干部是总结反思出来的。总结反思的过程，既是一个回顾过去的过程，更是一个推陈出新的过程，一次总结反思，就是对工作的一次检验，对事业的一次促进。既要总结正面的经验，又要总结反面的教训；既要总结历史的经验，又要总结新的经验；既要总结自己的经验，也要总结别人的经验。在不断地总结反思中拓展认识、丰富自我，获得持久深厚的发展动力，成长为党和人民需要的好干部。不在同一个地方摔倒两次。人非圣贤，孰能无过。工作中难免会出现错误和失误，但必须及时总结、吸取教训，坚决避免再次犯同样的错误。吃一堑，就当长一智。善于对标问题检视自身，增强发现问题的敏锐性、改正错误的自觉性，常思己过，常省吾身，始终确保自己沿着正确的方向前进，不犯颠覆性的错误，这也是总结反思的最大意义所在。新时代优秀领导干部，要善于把总结反思贯穿工作、学习和生活始终，通过全面回顾、整理、比对、分析，更加准确地把握事物发展规律；要善于对标问题检视自身，不断在分析错误、深剖根源中深刻理性认识，时刻用"错"警醒自己，自觉远离错误，确保自己始终沿着正确的方向前进，不放纵、不越轨、不逾矩、不贰过。

九、光明磊落、正直坦荡、与人为善。习近平总书记指出，作为"一把手"要有容人容事、不计恩怨的雅量，有光明磊落、胸怀坦荡的气度，闻过则喜，从谏如流，严以律己，宽以待人，推功揽过，与人为善，以此带动整个班子的团结。做人正直、做事坦荡、与人为善，是领导干部的立身之本、处事之基、为政之道。人以正气立，事行正道远。古人云："'正'者守正，心有正气，胸有信念，人以正气立，事行正道远。"正气，是一种刚直不阿的气节，是一种光明磊落的气度。领导干部正气充盈，就能襟怀坦荡、百邪不侵，就能明辨是非对错，不为诱惑所动、不为私欲所蒙，就能坚持原则、放开手脚，无愧于他人、对得起良心。心底无私天地宽。古人云："君子坦荡荡，小人长戚戚。"堂堂正正、坦坦荡荡，不心存侥幸、不搞小动作，不做违背良知道义的事，是为官做人的基本道理。现实中，有的领导干部喜欢打"小九九"、搞"小名堂"。纸是包不住火的，邪念终究会露马脚。没有私心，才能挺得起腰杆、讲得起硬话，才能得到群众的拥护和支持。善良是最美的人性光辉。卢梭说："慈善的行为比金钱更能解除别人的痛苦。"领导干部肩负着带领干部群众发展一方、造福一方的重任，存善心、说善言、行善事，才能始终保持从谏如流的胸襟和求同存异的气度，营造团结协作、群策群力、同舟共济的工作局面。当然，与人为善是有原则底线的，不讲原则的一团和气绝不是真正的和善，必须既讲感情、讲友谊，更讲党性、讲原则。新时代优秀领导干部，要常怀执政为民的公心、洁身自好的清心、待人以诚的真心，自觉做到立党为公、执政为民，在党言党，与党同声，光明正大做人、坦坦荡荡做事，不徇私情、不谋私利、不讲私语，远离暴力与阴谋，以善良仁慈之心温暖别人、成就自己。

十、内心要强大，信心贵如金。习近平总书记指出："'本'在人心，内心净化、志向高远便力量无穷。"身之主宰便是心，心强则强、心胜则胜。强大的内心、坚定的信心，是激励人战胜困难、成就事业的重要精神力量。修身立德、干事创业，必须修炼一颗强大的内心，信心满满才能所向披靡。境由心造，事在人为。俗话说，没有过不去的坎，只有过不去的心；吞下了委屈，最终喂大了格局。一个人的内心强大，无论面对多少挫折和困难，都能始终自信乐观、临危不惧、意志如磐、勇往直前，步履坚定；而一个内心脆弱的人，往往自怨自艾、怨天尤人，充满负面自我评价，"风吹草动"就会惊慌失措。领导干部经常面对着工作的艰辛、事业的坎坷、他人的误解、来自各方面的压力等等，如果没有一颗乐观豁达的强大内心，是不可能干好工作的。"不能胜寸心，安能胜苍穹。""自信人生二百年，会当水击三千里。"有信心就有勇气，有信心就有力量，有信心就能战胜一切。信心源于扎实有效的工作。没有行动，再坚定的信心也落不到实处，只能是虚无缥缈的空中楼阁。要想让愿望变成现实，就必须把坚定的信心转化为推动发展、锐意创新的坚强动力，苦干巧干加实干，用一个又一个的成功来坚定必胜的信心。信心就是力量，坚持就是胜利。萧伯纳曾说："有信心的人，可以化渺小为伟大，化平庸为神奇。"做事有信心的人，无论面对什么情况都是自信满满、意气风发、果断刚毅，能够激发出强大心理动力，从而变不可能为可能，化困境为机遇，取得意想不到的成绩。而一个人如果缺乏信心，再好的机遇摆在自己面前，也会在"我怕""我不行""我不适合"等怀疑和顾虑中丧失。新时代优秀领导干部，要加强内心修炼，主动在历经磨难、百折不挠中滋养内心的力量，使自己的内心不断强大起来，切实增强"四个自信"，在面对困难问题时敢于迎难而上，在涉险滩的紧要关口、啃硬骨头的关键时刻临危不乱，直面矛盾、抢抓机遇，"为官有为"、干出实绩。

十一、当干部就得在状态。习近平总书记指出："良好的精神状态，是做好一切工作的重要前提。"状态，是一个人精气神的具体体现。状态良好的人，一般都具有阳光的心态、健康的身体状态、积极进取的学习状态、奋发有为的工作姿态。状态不佳的人，则会表现出消极懈怠、不思进取、心不在焉、怨天尤人等状况。当干部，没有良好的状态，必然不能肩负带领干部群众负重前行的责任和使命。状态是个宝，事事离不了。良好的状态，是一种形象、意志和力量，是做好一切事情的前提。做事情干工作，有了良好的状态，就能精神饱满、神采奕奕、浑身充满正能量，就有了干劲、闯劲，遇到各种情况都能不畏艰辛、不惧坎坷，往往也就能攻坚克难、做出成绩。始终在状态，不仅能焕发自身的内在潜能，激发工作的积极性、创造性，而且会为下属和团队的精神面貌带来积极影响，从而提高工作的效率和成效。太阳每天都是新的，时刻呈现更好的自己。好状态不是自然形成的、一成不变的，需要每个人适时不断地调适。作为"领头雁""当家人"的领导干部，更要学会自我调适，想办法自我激励、自我喝彩，不断激发积极向上的愿望，时刻向下属呈现出更好的自己。永葆责任感，持续在状态。习近平总书记指出："领导干部在工作顺利的时候，保持良好的精神状态并不难，难的是在面对众多矛盾和问题时、遇到困难和挫折时，能够始终保持昂扬向上、奋发有为的精神状态。"领导就是责任。状态，重在昂扬，贵在恒长。好状态不是自然形成的、一成不变的，而是需要适时不断地调适的。最能使一个人永葆状态、自觉行动、长期坚持并最终成就一番事业的，正是源自内心强烈的责任感。新时代优秀领导干部，要保持健康的身体状态，坚持不懈的学习状态，开心愉悦的生活状态，持续奋进的工作姿态，把心思放在干事创业上，全身心投入工作，不抱怨、不计较，吃苦耐劳、甘于奉献，不断展现和汇聚正能量。

领导能力十八法

领导力是获得追随者的综合能力，是领导活动的生命。习近平总书记指出，中国共产党的领导核心地位不是自封的，而是靠党的领导力来保障实现的。干部是党和国家事业的中坚力量，党的领导力主要就是靠领导干部来体现和保障的。每一名领导干部只有不断提升自身领导力，才能更好履职尽责、干事创业、不负重托、不辱使命。领导力不是与生俱来的，需要后天不断学习、实践、总结、提升。

一、把工作当事业做。岗位的价值在于做事，工作的目的在于成事。杨善洲同志曾说："要一辈子干革命到脚直眼闭。"工作是一时的，事业是一生的。"千里来做官，只为吃和穿"，把工作当饭碗，这个"碗"终归有破的一天。只有把工作当事业，才会有无限的动力奔着目标持续努力。领导干部无论在什么岗位、担任什么职务，都应把工作当事业，以强烈的责任感履行好自己的职责，更好地发挥示范引领作用。

二、方法从实践中来。习近平总书记强调，要坚持实践第一的观点。"见之不若知之，知之不若行之。"实践出真知，实践出干部。邓小平同志曾说："经过实践，真正能干的人就会冒出来。"领导干部只有认真实践、深入实践、反复实践，多经事、多干事，在实践中经风雨见世面，才能把握规律、获得真知、寻得方法、习得本领，成为工作的行家里手。

三、激情是永恒的资源。黑格尔曾说："没有激情，世界上任何伟大的事业都不会成功。"激情犹如植根于内心的火种，给人蓬勃向上、积极进取、充沛旺盛、奋发争先的潜能，是一个人身上取之不尽用之不竭的资源。习近平总书记强调，领导干部"首先是自己要始终充满激情、充满干劲，这样去干事业，才能更加主动、更加自觉"。怀有激情，才能充满朝气，动力无限；缺乏激情，就会慵懒散惰，动力不足。领导干部要始终胸怀为民情，工作在状态，事业出光彩。

四、适应环境才能改变环境。适应是一种能力。物竞天择，适者生存。丘吉尔曾说："你不面对现实，现实就会面对你。"人不能揪着自己的头发离开地球。先学走再学跑，先站稳再站高。领导干部常常面临工作岗位、职务、地点等的变化，只有积极面对，不断练就与岗位相匹配、相适应的品质、意志、能力、作风，才能更好地担当作为、出新出彩。不学会适应环境、改变环境，最终会被环境"淘汰"。

五、始终将批评当财富。乐于接受意见、善于接受批评，是一种美德，更是一种财富。习近平总书记强调："对中国共产党而言，要容得下尖锐批评，做到有则改之、无则加勉。"列宁曾说："友谊建立在同志中，巩固在真挚上，发展在批评里，断送在奉承中。""兼听则明，偏信则暗"，善听骂声才有掌声。领导干部，就是要广开言路听八方谏言，敞开胸襟纳四面烦事，敢于面对批评、勇于接受批评、真心吸纳批评。

六、担当但不揽功。干事是干部的天职，担当是干部的使命。领导干部理当为党和人民矢志奋斗，而决不能为个人利益蝇营狗苟。担当固然不易，但不能只出现不出力，只出彩不出力。曾国藩讲："与人共事，论功则推以让人，任劳则引为己责。"领导干部要时刻肩扛"建功必定有我"的责任担当，胸怀"功成不必在我"的精神境界，做到责任担当"有我"，利益得失"无我"。

七、专业但不固守。习近平总书记指出，各级领导干部要提高专业化能力，努力成为领导构建新发展格局的行家里手，同时要求"成为兼收并蓄、融会贯通的通达之才"。本领既专又博，干事游刃有余。领导干部，不但要有"金刚钻"的专用，也要有"万金油"的妙用；不但要有"专家"的深度和视角，也要有"杂家"的广度和眼界。当然，"术业有专攻"，不固守专业不是不重视专业，努力做到博与专结合。

八、树威但不离群。领导干部需要树威，但这个威是威信而不是威风，威信重在一个"信"字，是"信任、信服、信赖"，是发自内心的尊重和钦佩。领导的威信从哪里来？靠上级封不出来，靠权力压不出来，靠宣传吹不出来，靠小聪明骗不出来，只有靠真心实意地、尽心尽力地、坚持不懈地为人民办实事才能逐步地建立起来。领导干部，既要有威严，又要有亲和力；既要有权威性，也要有民主性。与下属建立起牢不可破的同志感情，与群众建立起鱼水情深的干群关系，才能真正赢得大家的认可和信赖。

九、有强烈的使命感和洞悉未来的能力。使命感是指一种锲而不舍、坚韧不拔、不达目的不罢休的精神。有强烈使命感的人，不仅志存高远、目标远大，而且为实现目标，总会积极主动研究洞察规律、掌握全局走势，洞悉未来的能力和水平也就会随着担当历练"水涨船高"。领导干部不能只打养家糊口、光宗耀祖的"小九九"，而要将身上肩负的使命与时代、社会、国家联系在一起，展现至诚报国、服务人民、奉献社会的责任担当，并要把控事情发展的进程和趋势，从宏观全局精准洞察世间百态，从细枝末节敏锐发现具体问题，最终在领导的岗位上把握工作主动、履行使命担当、开创崭新局面。

十、有规避风险的意识和引领潮流的创新力。习近平总书记强调："增强忧患意识，做到居安思危，是我们治党治国必须始终坚持的一个重大原则。"风险无处不在，风险无时不有。有了风险意识才能避免风险，时刻保持风险意识从来都是一种生存之道、政治智慧和责任自觉。"无事常如有事时，提防才可弥意外之变。"只有尽可能把工作中存在的各种风险挑战思虑周全，方能谨慎决策、把控过程、收获结果。领导干部要敢思未发之事、破常规之规、领风气之新，走在前、干在前、做表率。

十一、懂得授权与控制。 领导干部是权力行使的主体，如何用权，体现着领导艺术、领导能力和水平。领导干部限于精力和能力，无法包揽一切，唯有授权，赋予责任，团结共力，方能取得成效。领导干部要在抓大放小、收放自如间实现运筹帷幄、决胜千里。当然，信任不等于放任，授权不等于不管。领导干部抓工作既要把方向、核心、关键，还要注意过程把控，更要注重严格监督。

十二、有良好的生活习惯和业余爱好。 "好船者溺，好骑者堕，君子各以所好为祸。"好的生活习惯和业余爱好是人生的助推器，是人生的好帮手，能使人终身受益；坏的生活习惯和业余爱好如同人生的枷锁，是致命的绊脚石，使人深受其害。领导干部养成良好的生活习惯和业余爱好，不仅是成长之要，更是成事之需；而不良习惯和嗜好往往会成为别有用心者谋取利益的"敲门砖"，必须时刻保持清醒，做到好之有方、好之有度、好而不露。

十三、凡事多想一步，才能赢一大步。 "学而不思则罔，思而不学则殆。"成大事者，只有将事前的忧虑换为事前的思谋，才有事半功倍的可能。如果不想事、不谋事，就难以透过现象看到本质、通过现在观未来，不仅不能赢得成功，还容易坏事。领导干部必须先人一拍、快人一步、想深一层，把问题的现象、本质、原因以及带来的影响、解决的办法想清楚、思明白，才能把握工作的主动权，赢得成事的大概率。

十四、愿景比管控更重要。 "管控"和"愿景"是提升领导力的两种方式："管控"型的领导，是通过对下属的管理和控制来获得服从；而"愿景"型领导，则是依靠对组织长远发展和目标规划，来激励引领下属。"管控"型领导是被动型领导，"愿景"型领导则是主动型领导。"愿景"型领导，能让下属拥有坚定的、持久的信念与动力，引领下属努力前进；而"管控"型领导，虽然可能获得下属一时服从，但难以持久维系，难以同心共事、协力成事。

十五、理念比指标更重要。理念引领发展，指标保证落实。理念是"指挥棒""红绿灯"，是管全局、管根本、管长远的导向；指标则是具体的任务、数量，是局部的、短暂的、有限的指导。把领导精力放在片面追求某些指标上，虽然可以在短期实现发展，但长远看，容易走偏、后劲不足。理念比指标更深层，指标可能过时、狭隘，理念价值则永恒、广博。领导干部要完整、准确、全面贯彻新发展理念，坚决摒弃片面追求国内生产总值（GDP）等指标的错误政绩观，才能有效推动高质量发展。

十六、理智比激情更重要。理智是"舵"，激情是"桨"。"理智"型领导，通过清醒、冷静、合乎实际的深思熟虑作出审慎决断；"激情"型领导，能充分激发下属的主观能动性，使工作绩效得以大幅提升。激情领导力的有效发挥，源于理智的引导和把控；理智领导力的成功实现，要靠激情助力。领导工作若仅凭激情，看似轰轰烈烈、热热闹闹，实则缺乏内核与航标，注定难以长期为继和长远发展。理智是智慧的、高深的，激情是有限的、浅层的。以理智驭激情、以理智润激情，以激情伴理智、以激情助理智，是提升领导力的有效之途。

十七、真诚比面子更重要。面子薄如纱，真诚重千钧。任何面子，都抵不过时间的考验；唯有真诚，才经得起岁月的检验。拆除心中的"墙"、撕开面子的"皮"、打通真诚的"路"，是提升卓越领导力的重要法宝。真诚是心灵的开放、胸怀的坦荡、品格的高尚、境界的优雅，是人与人心灵唯一靠得住的依赖，也是立身处世的根本。唯有超越面子、充实里子、真诚如一，才是有效提高领导力的正途。

十八、具有打动他人的说服力。俗话说："语必关情方入脑，话须通俗才传远。"势服人，心不然；理服人，方无言。习近平总书记强调，要"以理服人，以文服人，以德服人"。领导干部从心底团结同志、统一思想、凝聚意志，工作往往会更好更快得到贯彻落实，自身人气也会更旺；单靠命令、强制去推动，工作质效必然大打折扣，自身魅力也必然减分。理直才能气壮，理屈难免词穷。做领导工作，要学会晓之以理、动之以情，把道理说明讲透，才能赢得信任；把情感寓于言行，多说心里话、多做惠民事，才能引起共鸣、产生共行。

健康成长十八法

人的成长不仅是身体的、生理的成长，更重要的是思想、心智、能力、素质、经验、阅历等的成长。领导干部的健康成长，既是对自己、对家庭负责，更是对单位、对组织、对社会、对国家负责。努力做到健康成长、活出精彩、活出价值，应当成为领导干部自觉的追求。

一、如果不努力，就表明不能成长。"人生万事须自为，跬步江山即寥廓。"人这一辈子事事要靠自己努力打拼，哪怕每次仅仅迈出半步，天长日久，也可以迈入一个广阔的世界。漫漫人生路，没有捷径可走，没有顺风船可驶，不努力，未来永远只是梦想。干得越多，成长越快。"少壮不努力，老大徒伤悲。"唯有趁着自己还能做点事，争着去学，抢着去干，个人才能茁壮成长，实现理想目标，体现人生价值。努力要有方向，根据自己所处的环境和能力素质，选定一个目标，朝着这个方向坚定前行；努力要有方法，敢于试错，不断学习、实践、总结、反思，直到找出合适的方法；努力要持之以恒，驰而不息，切忌三天打鱼、两天晒网。

二、能力决定发展，认知决定选择，资源决定一切。人与人之间很重要的差异，就是能力、认知和资源上的差异。能力是人解决问题的个性特征，是核心竞争力，能力的高低影响着目标的实现、任务的完成、过程的效率、结果的质量。有什么样的能力、有多强的能力，就有什么样的发展、多大的发展。提高能力，最重要的是要按照习近平总书记的要求锤炼"八项本领"、铸就"七种能力"。认知是人们获得知识、应用知识去观察和认识客观世界的过程。引导我们做出选择的正是认知，一个人的认知水准越高，做出的选择就会越有效益。提高认知水平，必须多学习多交流，必须深入思考、主动提问、大胆尝试，必须经常自我反省，不断丰富经历阅历。资源是指人们可以利用的物力、财力、人力、数据、人脉等各种物质和非物质，拥有资源就有重要的话语权、分配权、决定权，直接或间接掌控其他的事物，所以必须不断积累、整合、放大各类资源，将其为我所用。

三、越有本事越要谦虚，越谦虚就越有本事。"满招损，谦受益。"有本事的人，如果骄傲自大就容易止步不前，所以要谨慎谦虚，才能长久地发展。谦虚低调的人，有正确的自我认知，善于取长补短，也容易得到别人的指导和帮助，能够不断完善自己、提高自己，自然越有本事。"地低成海，人低成王。"真正有本事的人，都很谦虚，不把一时的成功当作永久的荣耀，绝不自我吹嘘、自我炫耀。保持谦虚，姿态上要低调，从内心深处树牢谦虚的意识，时时处处谦卑处事、平和待人。保持谦虚，要克服锋芒毕露的心理，有一颗平常心。时刻记住，谦虚使人进步，骄傲使人落后。保持谦虚，要注重加强学习，知道得越多，就越发觉自己的无知。

四、正视人生的问题与苦难，以自律和爱走向心智成熟。一个人的真正成熟主要体现在心智的成熟。"人生自古多磨难，有谁相安过百年。"人生不如意之事十之八九，从来就不是一帆风顺的。当面临问题与苦难时，是怨天尤人、逃避退缩、放任自流、仇恨敌对，还是反求诸己、积极应对、自律自强、善意友爱，体现出个人的品质、道德修养以及心智水平。越是遇到问题与困难，越要自律自强。成功源于自律，自律使人优秀，自律是强者的本能。要把问题和苦难当作成功的垫脚石和铺路石，严格要求自己，自觉约束言行，积极应对、主动挑战，绝不给自己任何逃避的借口。越是遇到问题与困难，越要心中有爱、心怀感恩，想想我们还拥有的一切，不能觉得是别人刁难你、是组织和社会为难你。爱是宇宙中最强大的力量。拥有了爱，也就拥有了重整行装再出发的力量。要用爱滋养自己，依靠爱的力量克服困难和问题。

五、自省是提升自己的最快方式，意志坚定才会有前进的动力。曾子曰："吾日三省吾身：为人谋而不忠乎？与朋友交而不信乎？传不习乎？"自省，是修身之本。懂得自省是大智，敢于自省则是大勇。自古以来成大事者，未有不重自省者。通过自省，不断修正错误、完善自我，能够快速提升自己。要让自省成为一种自觉、习惯和修养，既要总结经验、发扬优点，又要反省错误、克服缺点，在不断反省中提升自己。自省不是一时的，而是一世的，要活到老学到老，也要自省到老，这就要有坚定的意志。但意志坚定不仅仅是用在自省上，做任何事情都要坚韧不拔、不可动摇。有了坚定的意志，前进的动力就会更强大。朱熹说过："立志不坚，终不济事。"必须增强"咬定青山不放松"的意志力，勇于担苦、担难、担重、担险、锲而不舍、水滴石穿、一往无前、勇不懈怠。

六、学会断舍离，保持专注性。要想得到，必须舍弃。什么都想做的结果，是什么都做不好。断舍离是一种人生智慧、成长智慧，是对已得和可得的东西进行决断的智慧。"守少则固，力专则强。"学问尚精专，研摩贵纯一，成大事者都专注于自己的事业，而不是朝三暮四、朝秦暮楚，这也想要、那也想得。厉以宁经历了"文化大革命"、下放等磨难，但他始终专注于知识的积累，10年中记了大量读书笔记，写了许多文章，正是凭借"文化大革命"期间积蓄的这些"家底"，担起了中国经济学界领路人的重任。俗话说："不怕事难干，就怕心不专。"一个人要想专注，就要学会断舍离，懂得放下、懂得舍弃，剪掉那些不必要的"枝丫"，自觉净化社交圈、朋友圈、生活圈；要保持专注性，淬炼平和的心性，对外界纷扰保持定力，把全部心思和精力投入到自己的事业上。

七、无事定心，临事守心，历事练心。"万化根源总在心。"面对不同的外界环境，我们的心理状态会产生不同反应，随之有不同行为，导致不同结果。掌控住心，就掌控住局。闲暇无事时，容易思潮起伏、想这想那，容易无事生非、扰乱心神，这就要学会以沉制浮、以静制躁，抛弃杂念、潜心贯注、定下心来。定而后能静，静而后能安，安而后能虑，虑而后能得。所以曾国藩才会说："定静安虑得，此五字时时有，事事有。离了此五字，便是孟浪做。"在遇到事情，特别是面对急难险重和复杂事情时，最易惊慌失措、不知所措，甚至会乱中出错、忙中出错，这就要有泰山崩于前而面不改色的"大心脏"，守住心神、从容应对，沉着冷静分析研判，大胆果断作出决策。"人在事上练，刀在石上磨。"不经历痛苦，就不能实现从茧到蝶的涅槃。要把处理纷繁复杂的事务当作历练自己的机会，愉快地接受重活难事，在挫折中磨炼心性、健康成长。

八、只要坚持学习，就能在自己人生的赛道上越跑越远。善于学习，就是善于进步。当今社会迭代很快，只有坚持不懈地深入学习，使思想、能力、行动紧跟时代前进的步伐、事业发展的需要，才不会被抛弃。诸葛亮运筹帷幄，离不开躬耕南阳十年的苦读积累；毛泽东同志用兵如神，离不开"马上、枕上、厕上"的"三上"学习劲头。当前领导干部的学历普遍较高，但学历只代表过去，学习力才代表未来。在世界飞速变化、知识爆炸的时代，唯有坚持学习，才能不断提高自己的核心竞争力、持续发展力。要坚决克服"不愿学、不勤学、不真学、不深学、不善学"的不良学风，拒绝不成体系、不连续的学习方式，挤出时间多学习、持之以恒多钻研，把学习作为砥砺人格、丰富人生的重要需求，在人生路上行稳致远。

九、懂得变通，明白拐弯也是一种智慧。延安时期，毛泽东同志提出两种本领：一种是松树本领，一种是柳树本领。他说：松树冬夏常青，严寒之中也巍然屹立，松树有原则性；柳树插到哪里都能活，柳树有灵活性。人要成长，更得兼具原则性与灵活性，在实事求是的基础上，根据不同的情况灵活机动地处理问题，而不是一味拘泥于过往的经验、过时的规则。河流只有不断迂回曲折，才能克服崇山峻岭的阻碍，奔向远方的大海。懂得变通和拐弯，就是要敢于打破不合时宜的老规矩，革除阻碍发展的旧弊端，准确识变、科学应变、主动求变，以变通求生存、谋发展。变通给了我们无穷的适应性，但原则和底线不能变通，否则只会误入歧途。

十、放弃该放弃的，才能专心坚持该坚持的。 孙子说："将欲取之，必先予之。"坚持与放弃对立统一，坚持必须以放弃为前提，放弃是为了更好地坚持。越王勾践去荣辱，卧薪尝胆得天下；司马迁去痛耻，专心写作著《史记》；王羲之弃闲乐，苦练书法成美体；林则徐弃安危，虎门销烟明大义。明得失是真聪明，懂取舍是真智慧。该放弃什么、坚持什么，是每个人必须面对的人生课题。"我将无我，不负人民"，放下"小我"成就"大我"，这是新时代人民领袖的人生境界。对党的干部来说，坚持和放弃的考验无处不在，要想坚持做大事，就要放弃推杯换盏、无效社交；要想坚持做个好官，就要放弃发财、躺平的想法；要想坚持提升专业能力，就要适当放弃娱乐，专心致志地学习研究、总结提升。

十一、清晰地找到问题所在，从而对症下药，事情方可迎刃而解。 坚持问题导向是马克思主义的鲜明特点。习近平总书记指出："我们中国共产党人干革命、搞建设、抓改革，从来都是为了解决中国的现实问题。"强烈的问题意识、鲜明的问题导向，是抓住事物主要矛盾和矛盾主要方面的科学方法。抓住了问题，才能有的放矢，解决起来就会容易得多。要善于发现问题，既看到问题的表象，还深挖问题的根子；既洞察局部的问题，还掌握整体的问题；既看到当下的问题，还预估长远的、苗头性的问题。发现问题，最终是为了解决问题。要瞄着问题去、追着问题走，有什么问题就解决什么问题，什么问题突出就重点解决什么问题；多运用"求解思维"，具体问题具体分析，精准施策、靶向治疗，动真碰硬、攻坚克难。

十二、德不配位，必有灾殃；德需配位，方得长久。《周易》云："德薄而位尊，智小而谋大，力小而任重，鲜不及矣。"无德之人能力越强、职位越高，危害就越大，终将自取灭亡，甚至妻离子散、祸国殃民。自古以来，国之乱臣、家之败子，才有余而德不足，以至于颠覆者多矣。夏桀、商纣残暴荒淫，周幽王"烽火戏诸侯"，德不配位，最终丢了江山。"明德远矣。"尧、舜、禹都有美德懿行，在位期间，"天下大和，百姓无事"。无论做人还是做官，都要崇德向善，以德修身、以德润才、以德服人。德为才之帅，才为德之资。"量材而授官，录德而定位。"我们党历来强调德才兼备、以德为先的干部路线。领导干部要自觉明大德、守公德、严私德，不断完善自我德行，不断提升政德境界。

十三、选择大于努力，方向决定成败。毛泽东同志曾说，方向路线是至关重要的，方向路线对头，没有人可以有人，没有枪可以有枪。方向代表着历史的趋势、发展的形势、民心的走势，如果方向错误，就会被历史的车轮碾得粉碎。方向对了，选择就简单了。有了正确的方向，再来看看社会万象、人生历程，一切是非、曲直、主次，一切真假、善恶、美丑，自然就洞若观火、清澈明了，自然就能作出正确判断、作出正确选择。选择和方向主导和贯穿着一个人做人做事的始终。方向明才不会南辕北辙，选择对才不会事与愿违。如果抉择失误了，方向选偏了，再怎么努力都是徒劳的，而且越努力离目标越远。正所谓"做事不由东，累死也无功"。为人处世应顺势而为、慎重选择，朝着正确的方向持续努力，使自己的人生之路走得稳、走得好、走得远。

十四、每天进步一点，成功触手可及。有这样一条励志公式：1的

365 次方等于 1，1.01 的 365 次方等于 37.8。意思是，每天抱着 1 原地踏步的人，365 天下来将一事无成；每天进步一点的人，365 天下来，就能实现跨越式进步。任何成功，都不是一蹴而就的，而是长期积累和坚持的结果。古人云："不积跬步，无以至千里；不积小流，无以成江海。"只要每天都有积累、都有进步，就能不断靠近成功的彼岸。我们不能只热衷于做"质变"的突破工作，也要注重做"量变"的积累工作，凡事比别人多想一点、多做一点、多坚持一点，就会久久为功、聚沙成塔、发生质变，最终赢得主动、赢得优势、赢得未来。

十五、找到人生标杆，获取更快更好的成长。 人生标杆就像灯塔，指引着前进的方向，催生出向上向善的信念，激发出锐意进取的动力。更好更快的成长路径，就是把立大志、学先进、创一流作为人生标杆，并朝着标杆坚定而执着地努力。古人云："取乎其上，得乎其中；取乎其中，得乎其下；取乎其下，则无所得矣。"这启示我们，做人做事不仅要有标杆，还要拉高标杆，如此才能取得更大的进步、实现更大的作为。要志存高远，树立远大的人生理想和奋斗目标，勤勉笃行、孜孜不倦；要见贤思齐，以先进典型、英雄模范、岗位标兵、身边榜样等为人生标杆，不断自我完善、自我提高；要创先争优，以一流的标准、过硬的作风思考、谋划、推进工作，精益求精、锦上添花。

十六、真正的成长，其实是思考力的提升。 人的成长包括生理的、心理的成长，而心理的成长，一个很重要的方面就是思考力的提升。思考力是在思维过程中产生的一种具有积极性和创造性的作用力。习近平同志在《之江新语》一书中写道："在思想认识上的收获，比我们在发展上的收获更有长远意义。"思想认识的提升源于思考力的提升。思考力越强，认知水平越高，成长进步也就越快。信息爆炸的时代带来了海量的知识和便捷的渠道，也很容易把自己的头脑变成别人思想的跑马场。要在学习中夯实思考的基础、在实践中锻炼思考的能力、在总结中提升思考的层次，培养科学的思维方式，提高全面地、联系地、辩证地思考和分析问题的能力，提高透过现象看本质、举一反三、闻一知十的能力。

十七、主动帮助他人，就是帮助自己。人生不是独角戏。"一个篱笆三个桩，一个好汉三个帮。"在前进的道路上，搬开别人脚下的绊脚石，有时恰恰就是为自己铺路。"赠人玫瑰，手有余香"，"给予"永远比"索取"更快乐。帮助他人，是一种善举，更是一种智慧，不仅能够在助人的实践中获得身心愉悦，还能增强能力本领，实现人生价值。"唇若亡，齿必寒"，以邻为壑，只会葬送自己。相互补台，好戏连台；相互拆台，一起垮台。要关心体贴他人，在他人有困难时，主动热情给予帮助和照顾，尽心竭力，助人为乐。

十八、过去已成历史，唯有把握当下。习近平总书记指出："历史不能选择，但现在可以把握，未来可以开创。"最重要的时间就是现在，最重要的事情就是从现在开始。能把握住现在的人，才能掌控自己的未来。人生的成败、输赢，不取决于昨天、也不取决于明天，而取决于可以把握的今天，每一个不努力的日子就是对生命的辜负。李大钊先生曾说："我以为世间最可宝贵的就是'今'，最易丧失的也是'今'。因为他最容易丧失，所以更觉得他可以宝贵。"我们要把握好当下的时间，只争朝夕、不负韶华；把握好当下的人，爱人爱己、不留遗憾；把握好当下的事，珍惜岗位、担当尽责。我们要不虚度每一天，告别浮躁、认真生活，告别拖延、努力工作，告别焦虑、珍惜当下，告别犹豫、立即行动，成为更健康、更强大的自己。

适应能力十八法

物竞天择，适者生存。适应能力，是人为了与身处环境达到和谐，在心理上、生理上、行为上进行适应性改变的能力。一个人不可能永远在恒定不变的环境中工作和生活，人生的经历就是一个不断适应环境的过程。特别对于党的干部来说，常常面对职位调整、工作单位甚至工作地域的变化，能不能调整好、转变好、坚持好，检验的就是自身的适应能力。

一、只有适应环境，才能改变环境。 达尔文曾说："只有服从大自然，才能战胜大自然。"托尔斯泰曾说："大多数人都想改变世界，但没有人想改变自己。"月有阴晴圆缺，环境也不可能处处顺心如意。要想改变环境，就要积极地接受现实、适应环境，学会在环境中发现规律、顺势而为。如果一味地针锋相对、蛮横苛求，只会被环境的墙壁撞得头破血流。正如丘吉尔所说："你不面对现实，现实就会面对你。"领导干部干事创业，无论愿景多么美好，首先都要主动适应环境、善于融入环境，绝不能掩耳盗铃、自以为是。

二、环境不会改变，解决之道在于改变自己。 法国思想家蒙田曾说："既然不能驾驭外界，我就驾驭自己。"萧伯纳曾说："明白事理的人使自己适应世界，不明白事理的人想使世界适应自己。"无论环境是好是坏，都是摆在面前的东西，绕不开、躲不了。只有自己改变了，才能适应和融入环境，也才能在其中找到规律，作出最好的选择。领导干部身处何境，都要做好自我调节，用冷静代替冲动，用乐观代替抱怨，在改变自我中不断提高。

三、重要的不是环境，而是对环境作出的反应。"凡夫转境不转心，圣人转心不转境。"面对同样的境遇，人的反应不同、选择不同，结果也大不相同。特别是面对困难、艰苦甚至逆境时，是勇敢面对、攻坚克难，还是消极应对、选择逃避，检验的是血性、境界、格局。有境界自成高格，也必将干大事成大业；无境界流于低俗，必然是随波逐流、事无所成。领导干部要正视环境，特别在遇到困难时，更要有愚公移山的气魄，泰山崩于前而色不变的胆色，永不畏惧、敢于斗争、勇往直前。

四、不是想去哪个地方就能去哪个地方，但去了那个地方就必须爱那个地方。革命同志是块砖，哪里需要哪里搬。服从组织的安排，执行组织的决定，到组织需要的地方去，这既是我们党的组织原则，也是身为领导干部的党性使然、价值体现。人生难得是心安，此心安处是吾乡。作为领导干部，要始终把党和人民事业放在心头，自觉将"小我"融入"大我"，"党叫干啥就干啥，打起背包就出发"，心甘情愿把自己的一切奉献给党和人民，去一地爱一地、干一行爱一行。

五、初来乍到，应当多用"三盆水"，慎烧"三把火"。荀子有言："不积跬步，无以至千里；不积小流，无以成江海。"事情的发展进步不可能一蹴而就，都需要一定的过程和积累。凡事欲速则不达。干事创业，既要有似火的激情，更要有沉着和冷静，切不可操之过急。饭要一口一口地吃，事要一件一件地做。特别是在履新的时候，领导干部要稳得住心神、沉得住心气，善察时事、潜心静气、蹄疾步稳，绝不能犯头脑发热、求成心切的急躁病，急功近利、盲目冲动。勤用"三盆水"洗头、洗手、洗脚，头脑保持清醒，深入实际工作，稳抓稳打。不可急于烧

"三把火"。

六、先控制、后创新、再出彩，顺序不可倒置。《大学》有云："物有本末，事有始终。知所先后，则近道矣。"万事皆有规律，按规律办事，就能符合实际、科学合理；蔑视规律、违背规律，就要遭到规律的惩罚。做好工作，控制是前提，创新是关键，出彩是结果，这是规律使然。只有控制好了，熟练驾驭局面，工作才能稳中求进，创新才有基础，出彩才有可能。创新不是"想当然"，出彩不能刻意为之。领导干部要增强控制的意识和本领，一步一个脚印推动工作在继承中创新、在创新中出彩。

七、以问题为导向，发现问题、研究问题、解决问题。习近平总书记指出，"坚持问题导向是马克思主义的鲜明特点"。问题是实践的起点、创新的起点，也是发展的起点。从某种意义上说，领导工作就是发现问题、研究问题、解决问题。领导干部面对环境变化，要善于在发现和解决问题中找到自己的价值和位置所在，瞄着问题去、追着问题走、扭住问题做、揪着问题改，在解决问题中推动工作创新发展，绝不能无视问题、回避问题。

八、按职责职能做事，尽快掌握特点、把握规律、抓住根本。冯友兰曾说："不必做与众不同的事，只要就其所居之位，做自己应该做的事，尽伦尽职即可。"卡耐基曾说："认清自己能做些什么，就已经完成了一半的责任。"职责职能，就是从事某项工作应该发挥的作用和必须承担的责任。在其位，就当谋其政、尽其责，就要抓紧把该干什么、能干什么、应怎么干想明白，认清特点、把握规律，抓住主要矛盾和矛盾的主要方面，靶向用力、精准施策。

九、看准了，有把握了再下手，初战务胜。毛泽东同志曾说，"我们历来不打无准备无把握之仗，也不打只有准备但无把握之仗"。盲目是做事成事的大敌。老话说，宁未雨绸缪，勿临渴掘井。不管做什么事情，事前进行周密谋划、科学安排、充分准备，才能有的放矢、事有所成。特别是新到一个岗位的"初战"，所谓"万事开头难"，开局影响着士气、关乎着信心、关系着胜利，更要慎之又慎、精心准备。领导干部面对环境变化，要谋定后动、有备而为，绝不能自以为是、刚愎自用、盲目蛮干。

十、敢于面对各种困难和矛盾，保持内心的强大。 毛泽东同志曾说："我们共产党人是以不怕困难著名的。"大石拦路，勇者视为前进的阶梯，弱者视为前进的障碍。唯其艰难，方显勇毅；唯其磨砺，始得玉成。千难万难，畏难才真难；这难那难，克难就不难。事到难处须放胆，越是艰险越向前。领导干部面对环境变化，困难肯定是有的，但一定要增强"踏平坎坷成大道，斗罢艰险又出发"的精神，面对任何困难矛盾都不能"怂"，敢于知难而进，迎难而上。

十一、从一开始就要有一个好形象。 易求无价宝，难得形象好。形象是一个人的衣着相貌、言行举止、精神气质、道德情操的集中反映。对于领导干部而言，形象不仅代表个人，更代表党、代表政府，良好的形象在群众中有着无形的示范、带动、引导作用，是社会的风向标，也关乎领导干部的威信和领导力。好形象比金子还贵重。作为一名领导干部，无论何时何地都要具有"形象意识"，严格要求自己，作出好示范、树立好形象。

十二、真诚待人，以真面目见人。 《荀子》有言："夫诚者，君子之所守也，而政事之本也。"人们常说，棉里藏不住针，纸里包不住火。任何时候，瞒天过海迟早要露出狐狸尾巴，欲盖弥彰。"人之无诚，不可为交。"人与人相处，当示人以真、待人以诚，真诚坦荡、表里如一。也唯有如此，才能受信任、得尊重。领导干部新到一地或一个单位工作，要坚守光明磊落、襟怀坦荡、诚实守信的道德操守，绝不能做当面一套、背后一套的"两面人"。

十三、有效地使用待办事项清单，做到忙而不乱。 善于拉清单，再忙也不慌。"清单化"推进工作，是使工作任务细化、量化、实化、精准化的有效方法。古人言："章法有度，自成方圆。"抓工作落实，把顺序、步骤、方法厘清，把责任、任务、时限、标准定准，工作就有计划性、条理性，做事就有章法、就能从容不迫，就不会东一榔头西一棒子、像无头苍蝇一样乱撞。特别是到了一个新环境，面对各方面情况不熟悉的情况，更要用好"清单"工作法，善于对待办事项进行"清单化"管理、"挂图作战"。

十四、与其多心，不如"少根筋"。 俗话说，百思不如一见，百见不如一践。有的人越想把事做好，就会想得越多、牵绊越多、顾虑越多，最后使自己畏首畏尾、难作决断。而有的人"一根筋"，认定了的事，坚定目标、毫无畏惧、义无反顾走下去，最终事有所成。停下来，眼前总是一样的画面；走起来，才能领略一路的风景。到了一个新的环境，处处留心、深谋远虑是好的，但更重要的是行动起来，在前进中破解难题、在实干中推动发展。

十五、懂得自省，时刻反思，及时修正。 子曰："吾日三省吾身。"《亢仓子》讲："人有偏蔽，恶乎不自知哉？是故君子检身常若有过。"善于自省、勤于反思、修正错误，是内心的回归、行为的校正、对自我的不断砥砺。只有经常反思检身、常修己过，才可以不断丰富和完善自己，脱离旧自我、取得新进步。人生就是一个纠偏正向的过程。面对环境变化，自己适应得如何，要善于眼光向内看自己，积极发现问题、正视问题、反思问题、解决问题，而不能漠视自身的弱点，在浑浑噩噩中迷失自我。

十六、无关原则的事，不必争论；无关底线的事，不必解释。 邓小平同志曾说："不争论，是为了争取时间干。一争论就复杂了，把时间都争掉了，什么也干不成。"人的思想是多元的，对同一件事经常出现各种各样的观点。事事都争论，既浪费精力，更贻误工作。问题面前，"争"与"不争"、"解释"还是"不解释"，关键要看是否关系原则、涉及底线。原则和底线不容触碰。特别到了一个全新的环境，切不能因为自己是"新人"就不敢斗争，更不能为了突显自己什么都"争"，做到既有原则性，又有灵活性。

十七、拥有角色意识，善于进行角色转换。 习近平总书记强调："敦促党员、干部按本色做人、按角色办事。"每个人在工作生活的大舞台上都扮演着某种角色，比如公民角色、社会角色、岗位角色，等等。只有拥有角色意识，知道不同环境中自己的位置在哪里，扮演好自己的角色，才能心有准绳、行不偏颇。职务是岗位，干部是角色。无论新到什么岗位工作，都要善于根据职责分工，找准自己的"角色"，在位不缺位、到位不越位、尽责不越权，切不能"种了别人的田，荒了自己的地"。

十八、高兴时别许诺，生气时要沉默。《格言联璧》有云："盛喜中，勿许人物；盛怒中，勿答人书。喜时之言，多失信；怒时之言，多失体。"人人自有定盘星，万化根源总在心。心态决定状态，情绪影响行为。高兴时容易激动，愤怒时容易冲动，是人之常情。但如果不善于用理性约束感性，茫茫然跟着感觉走，就容易违背客观规律、违反原则要求，失信、失言、失体甚至犯错摔跤就在所难免。特别是在一个新的环境中，更要善于管理好情绪、调整好心态，严谨负责地对待每一件事。

沟通能力十八法

沟通是人们传输和交流信息、思想和感情的过程。所谓沟通力，就是乐于倾听、善于表达，进而求同存异、形成共识的能力。马克思指出："一个人的发展取决于和他直接或间接进行交往的其他一切人的发展。"人作为社会动物，沟通力是生存和发展的必备能力，更是成功的必要条件。做好领导工作，无论上传下达、左右协调，还是内部协商交流、教育引导，都必须具备出众的沟通能力。

一、沟通力是领导力的重要方面。美国管理学家巴纳德说："管理者的最基本功能是发展与维系一个畅通的沟通管道。"一名领导者，即使本事再大，也不可能包打天下，必须善于把各方面力量团结凝聚起来，朝着正确方向努力。而只有具备较强的沟通能力，才能与下属更好拉近距离和情感、消除隔阂和误解、达成共识和理解，从而赢得信任和支持，形成推进工作的合力，也才能实施有效的领导。所以，高明的领导者无一不是沟通的高手。

二、世上没有不能沟通的事情。人们常说，天下的事都是谈出来的。每个人由于知识、阅历、认知、目标以及价值取向、行为方式等差异，对事物有着不同的看法认识，而有效的沟通，可以架起思想的桥梁、跨越认知的鸿沟，即使再不可思议的事，往往也能找到共同点，达成一致性。古代苏秦、张仪等纵横家，在"合纵""连横"中深析利弊、高谈阔论，一次次化腐朽为神奇，就有力地告诉世人：没有沟通不了的事，只有不会沟通的人；只有无沟通，没有不可能。

三、良好的沟通能力使人走向成功。 卡耐基在他的著作中不断提道："一个人的成就，85%决定于与人沟通的能力，而专业知识只占15%。"通过有效的沟通，不仅有利于形成共识、统一思想、赢得支持，更可以了解各方诉求和意见，从而实现科学决策，减少工作的盲目性。有管理学者研究表明，工作中70%的错误都是由于不善于沟通造成的。反过来说，建立有效充分的沟通，就能减少70%的错误发生。因此，良好的沟通能力是工作顺利、事业成功的助推器。

四、沟通力不是天生的，可以后天习得。 爱因斯坦曾说："人们把我的成功归因于天才，其实我的天才只是刻苦罢了。"世上哪里有什么天才，每个人的成长成才无一不是努力的结果。出色的沟通力也一样，必然只能在后天与人沟通交流中习得。那些整天感慨自己不善言谈、口才不好，而不愿积极锻炼、勇敢实践的人，永远只能自怨自艾。沟通力是练出来的、是试出来的、是总结出来的。只有勤学苦练，才能不断提高。

五、同理心和共情能力是关键。 同理心就是换位思考，共情就是情感融通。事实上，没有人喜欢被改变，也没有人愿意被说服。沟通过程中，如果一味口吐莲花、滔滔不绝，不仅难以赢得认同，往往还会引起别人的反感。只有将心比心，才能以心换心。苏联作家温·卡维林曾说："推心置腹的谈话就是心灵的展示。"沟通，就要善于站在对方的立场上看问题，多想他人之想、多顾他人之急、多容他人之难，推心置腹、真诚坦荡。也唯有如此，才能更好地敞开心扉，增进理解、达成共识。

六、不抱怨、不诋毁才是健康的沟通方式。 不抱怨、不诋毁，是格局、境界、品质的体现。抱怨，解决不了问题，受痛苦的其实是自己；诋毁，抬高不了自己，最终伤害的还是自己。抱怨是最容易传染的负面情绪，诋毁是最愚蠢的自作聪明，非但不能达成沟通的目的，还会使人看轻或怀疑你。举大事者不计小怨，交谈时莫论人非。只有真诚、真实、真挚的沟通，才能换来尊重、理解和认同。

七、沟通的本质是尊重和合作。 英国戏剧家约翰·高尔斯华绥曾说："人受到的震动有种种，有的是在脊椎骨上，有的是在神经上，有的是在道德感受上，但最强烈最持久的则是在个人尊严上。"人人都希望被尊重，这是人性的核心需求。沟通的双方如果互不尊重，总是以自我为中心，一味想压倒对方，使对方屈服，只会造成对方的反感甚至对抗，沟通就难以达成预期，也就失去了意义。所以，尊重是沟通的基础，合作是沟通的归宿，相互尊重、合作共赢就是沟通的根本目的和全部价值所在。

八、沟通要从了解需求开始。 安德鲁·葛洛夫说："我们沟通得很好，并非决定于我们对事情述说得很好，而是决定于我们被了解得有多好。"有效沟通，必须建立在相互了解的基础之上。如果沟通只想着自己的盘算，而无视别人的情况和意愿，不知道别人的需求，往往就会"话不投机半句多"。沟通的过程，是双方互动、互补、互促的过程，只有把别人想什么、求什么、需什么搞清楚，才能找到契合点、联结点、共赢点。

九、善于设定有效的情境。 情境，包括沟通的环境、时机、方式、氛围等等。合适、舒适、安全的情境，有利于产生沟通动机、激发情感共鸣、促进达成共识。情境设计，是重要沟通协调艺术。确保沟通有效高效，一定要善于根据沟通的目标、对象、内容等方面特点，合理安排沟通的时机、地点、内容，精心研究沟通的方式、展示的内容、谈话的艺术，营造有效的沟通情境，提高沟通交流的感染力、吸引力。

十、做一个善于倾听的人。 卡耐基曾说，沟通就要"做一个好听众，鼓励别人说说他们自己"。英国作家赫兹里特曾说："谈话的艺术是听和被听的艺术。"倾听是有效沟通的基础。人们常说，耳要聪。耳聪就是要善于倾听不同意见，增强对他人思想、情感、心理的体验，这有助于信息沟通，避免因信息失真而使决策行事失之偏颇。只有主动倾听、善于倾听，才能"听八方、采众智，言能听、道乃进"。

十一、拥有平等、平和、诚恳的心态。沟通是相互的、平等的，绝不是一方单纯的给予或施舍。本着互促共进、合作共赢的初衷进行沟通，无论有多大分歧、多少矛盾，都应公平对等、心平气和、诚恳真挚进行沟通协调，力求通过相互尊重、体谅包容、开诚布公的理念和行动搁置争议、求同存异、达成共识。这就要求沟通的双方，建立良好心态，共同维护沟通的良好氛围。

十二、发挥好人缘和情感的作用。沟通是情感的桥梁，情感是沟通的纽带。有效的沟通，就是交友的良机、拓展人际的平台。善于在沟通中发挥好自己人缘和情感的作用，把沟通协调建立在友谊的基础之上，不仅能使沟通更顺畅，也能促进感情升温、人缘升华。所以，一个人拥有良好的人际关系和出色的情商，会让沟通变得如鱼得水。

十三、主动沟通、加强互动。相对无言是一种尴尬，主动沟通是一种智慧。现实中，"你不问，我不说"往往会增添误会和隔阂，而"你不问，我说了"就容易增加好感和信任。俗话说，一个巴掌拍不响，沟通要有好效果，就要有"你想说，我想问"的主动、"多多说、多多问"的互动，绝不能"心中千言万语，嘴上一字不漏"或者"一边口若悬河，一边无动于衷"，这就要善于找到共同的兴趣点，打开话匣子。

十四、着重劝慰，团结为上。沟通的关键是交流协调，而不是强制命令；沟通的结果是团结凝聚，而不是争论不休。俗话说，一人拾柴火不旺，众人拾柴火焰高。而带有人情味的劝慰就像添柴加火，冷冰冰的要求就如一盆冷水，只会浇灭火焰。与人沟通，"你必须、你只能"这样的指令要求，往往非但不能达到预期目标，还会在相互间筑起一堵隔膜的"墙"。沟通，一定要注重加强感情相通和思想互通，多提建设性的建议，增进理解和信任。

十五、调动理性，控制情绪。 法国作家都德说："好脾气，是一个人在社交中所能穿着的最佳服饰。"要有好脾气，先要管情绪。情绪如同马车，而理性就是缰绳。沟通的过程，就是克服分歧、化解矛盾的过程，必然会有交锋和碰撞。如果自己或对方出现负面情绪，而不善于用理智和理性去调节和控制，就会影响判断力、决策力，沟通也难以得到好效果。情绪人人有，但不可情绪化。沟通一定要始终保持理性，管好情绪。

十六、少些批评，多些鼓励。 对人不可千般苛责，对事不能万般计较。沟通要有心量，要能包容。因为，人人都希望被认可、受鼓励，哪怕你站在道理一边，对人批评过多，也容易导致对方的抵触。当然，看到对方明显的错误，该指出要指出，该批评要批评，但一定要做到宽严得宜，不能过度。特别是在与下属沟通时，要注重严与爱、恩和威并重，多鼓励、少批评，以利于增进感情、更好修正错误、形成工作的合力。

十七、以对方舒服的方式展开沟通。 有一位哲人曾说："没有沟通能力的人，就像陆地上的船，永远到不了人生的大海。"一些人也很积极主动地与人沟通，但经常达不到预期效果，问题就是出在沟通的方式不对上，缺乏沟通艺术。试想，沟通的环境让人坐立不安、内容点不到点子上、谈话"驴唇不对马嘴"，那么何来沟通的愿望和心情？所以，沟通一定要以令人舒服的方式，使沟通的过程像饮一杯醇香的热茶，让人心旷神怡、神清气爽。

十八、合情合理，冷静谦和。 合情合理、不偏不倚，才能受认可、被认同；冷静谦和、清醒理智，才能受尊敬、被信赖。言谈举止合情合理，对人对事冷静谦和，既是沟通的原则，更是人格的魅力，不仅能拉近人与人的距离，更容易建立信任。良好的沟通，一定要确定切合实际、符合情理的目标和内容，冷静谦和地对待对方的人、言、事，确保沟通的过程始终有序、有效、有为。

写作能力十八法

写作是领导干部的一项基本能力。邓小平同志曾强调，"领导同志要学会拿笔杆"，"不懂得用笔杆子，这个领导本身就是很有缺陷的"。领导干部写作的过程就是学习、思考和工作的过程，其文章、讲话、批示等，无不反映出对工作的深入思考、对问题的深刻洞悉、对规律的准确把握，从这个意义上讲，"拿笔杆"是检验领导干部水平的重要标尺。"文章千古事，得失寸心知"，写好文章很重要，写好文章不容易，领导干部写文章要有大格局、高境界、真情怀，从大处着眼、从细处入手，学会写作、坚持写作、享受写作，真正把写作当成一种责任、一种习惯、一种爱好，做到"观古今于须臾，抚四海于一瞬""笼天地于形内，挫万物于笔端"。

一、自己动手写文章是领导干部的一项基本功。 领导干部是党的事业的组织者、实施者、践行者，通过自己动手写文章可以敏锐地感知苗头性、倾向性问题，对工作深度思谋、厘清思路、寻求优解。同时，会写文章也是个人领导能力和魅力的体现。毛泽东同志是自己动手写文章的榜样，19岁写了《商鞅徙木立信论》，24岁发表《体育之研究》，28岁主编《湘江评论》，走上革命道路乃至成为党的领袖之后，更是结合中国革命的特点和规律，书写了《论持久战》《矛盾论》《实践论》等气势磅礴、思想密度极高的文章。他说，"我写文章从来不叫别人代劳"，"秘书只能找材料，如果一切都由秘书去办，那么部长、局长就可以取消，让秘书干"。习近平同志在任浙江省委书记期间，曾在《浙江日报》的"之江新语"专栏发表短评232篇，以"短实新"的清新文风，对实际工作"望闻问切"，提出了一系列新思想、新观点、新论断，效果非常好。然而，不少领导干部不愿或不会自己写文章，习惯捉刀、代笔，觉得理所当然，甚至认为是种待遇，殊不知这是作风上有问题、能力上有差距的表现。领导干部要养成自己写文章的习惯，深入一线调查研究，结合实际深度思考，亲自谋篇、亲自动笔，拿出更多富有战略性、思想性、实操性的作品，在写作中练就思接千载、视通万里、精骛八极、心游万仞的本领。

二、写作是通过大量阅读和思考完成的。写作是信息的输出，阅读和思考是信息的输入，输出以输入为基础。写作是"阅读—思考—写作"链条上的最后一环、最终成果。苏轼的"旧书不厌百回读，熟读深思子自知"，杜甫的"读书破万卷，下笔如有神"，都揭示一个道理：阅读是积累、思考是消化、写作是运用，没有大量的阅读、深入的思考是写不出好文章的。马克思为写《资本论》查阅了书籍1500多种；恩格斯为写《自然辩证法》抄录笔记近200本；毛泽东同志为起草《论十大关系》，用一个半月时间听取了34个部门的工作汇报，对我们党执政后面临的问题进行了深度思考，值得我们认真学习。现实中，一些干部烟酒气有余、书卷气不足，钟爱酒桌、不爱书桌，没有充足的时间阅读和思考，自然写不出有分量的文章。领导干部要写好文章，必须养成深度阅读的习惯，批判地读、联系地读、反复地读，把书读"活"、读到心里；必须养成深度思考的习惯，从客观事物的矛盾、运动、联系和发展的角度去思考，把对事物的感性认识上升到理性认识，知其然，知其所以然，知其所以必然，做到"积学以储宝，酌理以富才，研阅以穷照，驯致以绎辞"。

三、写作是作者从生命经验中挖掘宝藏。写作是人们把记忆中存储的相关知识、经验和思想用书面形式表达出来的方式，很多作品都是以作者自身的生命经验为重要的写作资源，反映出作者的阅历、积累、认知和体会，渗透了作者的自我意识、理解乃至情感等各种复杂因素。《论语》记载了孔子及其弟子的言行，描述了夫子风采。《道德经》反映了老子关于政治、伦理、军事、大自然、宇宙等的终极体悟，是老子对生命经验的一次高度浓缩。《孙子兵法》是孙武对一生军事实践和思考的系统总结。那些饱含作者生命经验和体悟的作品，往往能直抵人心、经久不衰。领导干部写作要善于从工作经历、生活经验中汲取养分，付诸笔端。要注重"沉淀"，在实践中积累，在积累中凝练、博观约取、厚积薄发；要注重"挖掘"，善于捕捉生活中的灵感，总结生命中的体悟，对素材及时加工，进而写成文章、昭示后人。

四、写作能提升自己的思维层次和眼界格局。写作的底层逻辑是思维活动，写作和思维层次、眼界格局之间的关系是相辅相成、互相促进的。美国认知科学家、语言心理学家史蒂芬·平克说，写作是将网状的思想，通过树状的句法，组织为线状展开的文字。写作本身是将思维具象化的过程，反映作者思维的深度、眼界的广度、格局的高度。同时，写作又是自我精进的武器，在谋篇布局、反复思考、挥毫落笔、推敲打磨中，倒逼我们对思维层次进行反复拓展，对眼界格局不断拔高，实现自我完善、自我提升，这也是写作的"溢出效应"。领导干部要常写文章，写大格局的文章，以写作为桥梁拓宽知识面、打开视野、提升格局，做到"笔底伏波三千丈，胸中藏甲百万兵"，在方寸之间显万千气象。

五、写文章的根本目的是为了解决问题。"文章合为时而著，歌诗合为事而作。"文稿写作的价值是以文辅政，目的是解决问题，因而要出思路、出对策。我们党百年历史中作出过三个历史决议，都是在关键节点，本着解决问题去的，深刻回答了"怎么看""怎么办"等重大时代课题。文章不是为写而写，而是根据形势任务发展需要，写在关键时刻、写给关键对象，用文章来回答方向性、全局性的问题和事关全局的具体细节问题。辞藻华丽、矫揉造作、华而不实的骈体文，空话连篇、言之无物、形式刻板的八股文，假大虚空、大而化之、上下一般粗的套转公文，毫无意义和价值。习近平总书记深刻指出："文风不正，危害极大。它严重影响真抓实干、影响执政成效，耗费大量时间和精力，耽误实际矛盾和问题的研究解决。"领导工作的本质是解决问题，领导干部写文章的目的也是解决问题，要坚持问题导向、目标导向、效果导向，深入基层调研，把准问题症结，思考解决之策，写出有时代特征、本地特色、工作特点，能指导解决实际问题的好文章。

六、文章要以干部群众愿意看、能管用为标准。文章的作用在于传播理念、导向、价值观和方法论，只有简洁明了、一目了然、务实管用的文章，才能传得开、记得住、留得下。白居易认为诗必须便于世人理解和记忆，他每作一首诗就念给老年妇女听，听不懂就修改，力求做到她们能懂才满意。"老妪能解"的故事启示我们，文章是写给大众看的，如果不能为大众所理解，即使再华丽的辞藻、再故弄玄虚的概念，也是没有意义的。毛泽东同志的文章、讲话等，干部群众喜欢看、喜欢听，不是因为他善于迎合干部群众，而是因为他善于运用群众语言、讲干部群众关心的问题，是他长期树立的"群众观"在文风方面的具体体现。文章以干部群众愿意看、能管用为标准，就是让干部群众读起来有兴趣，看得懂其中的道理，能学会或掌握解决问题的方法，自己动手解决问题。领导干部要写干部群众愿意看的文章，练就"笔尖"之功，多用"群众语言"，多讲"百姓心声"，让文章"沾泥土""带露珠""冒热气"，增强共情力，让广大干部群众喜欢看、愿意看。要写能管用的文章，讲真话、讲实话、讲管用的话，善于倾听群众呼声，关注各方诉求，多提解决问题的良策，多教授务实管用的方法，条条干货，少讲正确的废话，真正给人启发、让人受益。

七、文章体现的是作者的思想作风。 古人说"言为心声""文如其人"。性情褊急则为文局促,品性澄淡则下笔悠远。从一个人的文章,能看出他的格局、境界和情怀。司马迁在身体受到摧残的情况下,忍辱负重,用了10多年写就《史记》,目的就是"究天人之际,通古今之变,成一家之言",这里的"一家之言"就是太史公的史学思想和学问作风。一个人的思想作风,只有通过写作这把刻刀,在岁月中雕刻,才会慢慢成型。杜甫的"安得广厦千万间,大庇天下寒士俱欢颜",范仲淹的"先天下之忧而忧,后天下之乐而乐",李大钊的"以青春之我奋斗青春之国",习近平总书记的"我将无我,不负人民",都是通过文章词句,镌刻着作者的思想、情怀和追求。领导干部的文章,犹如思想作风之镜,要写出大气、高洁的文章,一定要加强自我修炼,始终保持独立的思考、高尚的追求、优良的作风,以文品见人品,以文风显作风。

八、好文章要有美感、骨感、情感、语感、质感、动感。 阅读一篇文章就像交朋友,一般先看第一感觉,感觉对了才会深入交往,感觉好了才会有兴趣继续读下去。一篇好的文章,一定是洞察大局大势、开风气之先的文章,也一定是善于"跟着感觉走",给读者制造美好感觉的文章。一篇文章只有具备了美感、骨感、情感、语感、质感、动感这"六种感觉",才真正算得上上乘之作。美感,体现在文章的标题、布局和思想上,形神兼具、秀外慧中,给人以视觉冲击和思想感染,有"余音绕梁,三日不绝"之效;骨感,体现在文章的篇幅、结构和精气神上,有一种刚健、有力的气质,读起来言简意赅、瘦劲秀挺;情感,体现在文章的表达方式上,叙事时实事求是,抒发时以情感人,议论时情景交融,字里行间洋溢着真情实感,以情纬文、有感而发,能一下子拉近笔者与读者的距离;语感,体现在文章的语言文字上,语言通俗、语意通畅、语气通顺,文章读起来朗朗上口、听起来娓娓动听、品起来津津有味;质感,体现在文章的素材、风格、脉络和工艺上,真实客观、风格独特、纹理清晰、精雕细琢的文章让人一看就信服；动感，体现在文章的情节、内容和语言上，跌宕起伏、详略得当、抑扬顿挫的文章才能扣人心弦、引人入胜。领导干部写文章要跟着"六种感觉"走，以审美的标准来布局文章的结构、语言、情节等，张弛有度、收放自如，不断提高写作水平，写出内外兼修、形神兼备、大气磅礴的好文章。

九、将道理与故事相结合，文字灵动而深刻。 道理是文章的灵魂，故事是文章的血肉，只干巴巴讲道理，文章容易干瘪缺少灵气；只会叙述故事情节，文章就会臃肿丧失灵魂。人类文明的最初成果，都是以故事呈现的，并在故事中蕴含深刻的道理，如外国的《圣经》《荷马史诗》《一千零一夜》，我国的《山海经》等。有感染力的文章大都是道理和故事的完美融合。习近平总书记强调，会讲故事、讲好故事非常重要。他自己也是善用典故讲道理的典范，在纪念五四运动100周年的讲话中，先后用"国土不可断送、人民不可低头""天将降大任于斯人"等6个典故寄语新时代中国青年；在2013年至2015年间，出访巴基斯坦、巴西、韩国等国家时，前前后后用了17个故事来阐明"国之交在于民相亲"的道理。领导干部写文章，要养成讲故事的思维，在日常生活和工作中善于积累历史故事、实例故事、背景故事、数据故事等，同时要善于解析故事，领悟其中的道理，在文章中恰如其分地插入故事，升华观点和道理，增加文章的吸引力和感染力，拉近与读者的距离，给人如沐春风的感觉。

十、"画竹，必先得成竹于胸中"，写文章打腹稿、搭架子很重要。 画竹有三重境界：眼中有竹、手中有竹和胸中有竹，胸中有竹画出的竹子才会有风骨、有灵气。写文章就像画竹子，如果胸中无物，临时拼凑，"为赋新词强说愁"，完成的东西便毫无章法和美感可言。清代著名戏曲理论家李渔就曾这样描述写作："基址初平，间架未定，先筹何处建厅，何处开户，栋需何木，梁用何材，必俟成局了然，始可挥斤运斧。"作家老舍曾说："尽管我只写二三千字，也需要先出个提纲……有了提纲心里就有了底，写起来就顺理成章。"现实中，领导干部经常遇到即席讲话、临场发言的情况，有的寥寥数语、几个关键词便讲得引人入胜、打动人心，本质上是在讲话前已在胸中画出了"成竹"。领导干部写文章要养成打腹稿、搭架子的习惯，所谓心中有丘壑，方能笔下有山河。打腹稿、搭架子要建立在对工作全局进行把握和思考的基础上，胸中要装有"全景图"，同时，好文章的腹稿、框架往往不是一蹴而就的，要不断打磨，让灵感持续发酵，使效果达到最大化。

十一、报告是对结果的定性描述。报告是机关工作中使用频率很高的一种文体，领导干部常写常见。一篇好的报告写出真情实况、真情实感、真知灼见，往往能起到很好的决策参考作用，有的甚至能"对策转化为政策""白纸文章转为红头文件"，发挥更大的功效。相反，如果脱离实际，一味"精心雕琢"，或刻意迎合上级喜好，过度粉饰，不但华而不实，甚至会导致决策判断的失误。贾谊写给汉文帝的《过秦论》系统分析了秦朝从崛起、强盛走向灭亡的过程，得出"仁义不施而攻守之势异也"的定性结论，为西汉初期制定休养生息的国策产生重要影响。"大跃进"时期，全国各地竞相向中央报告粮食亩产千斤县、万斤县"喜讯"，夸大钢铁产量等，在虚假报告的误导下，中央提出"赶英超美""跑步进入共产主义"口号，实行人民公社等路线方针，导致国策脱离当时实际，造成了严重的不良后果。领导干部写报告一定要尊重客观事实和客观规律，对事情结果要有客观、公正、定性的评价，好就是好，坏就是坏，言之有物、言之有理、言之有据，让报告成为科学决策的"千里眼""顺风耳"。

十二、文章要先过自己这一关。写文章，自己既是创作者，又是第一个读者，这就需要自己和自己建立心灵"对话"机制，设置"双重标准"，出手前扪心问问是否"达标"，如果连自己都觉得拿不出手、站不住脚，还拿给别人看、讲给别人听，只会贻笑大方。毛泽东同志对自己的文章要求可谓极其苛刻，他写《论持久战》时，在陕北简陋的窑洞中历时9天废寝忘食才完成了这篇关系中华民族命运的鸿篇巨制。在写《满江红·和郭沫若同志》时，反复吟诵修改，光废纸稿就倒掉了半篓，不仅如此，他的文章手稿也大多是圈圈画画、精雕细琢。领导干部写文章要对自己负责、对工作负责、对事业负责，树立高标准，严肃认真对待。要增加知识厚度，既要读好有字之书又要读好无字之书，不断积累沉淀，高出两三个层次看问题，否则写出的东西就是一般化、老一套；要拓宽视野广度，打破封闭、开放包容，主动接受新鲜事物，做到见多识广；要提升认知深度，不能停留在事物的表面浅尝辄止，不当思想的懒汉，善于挖掘事物的本质规律，提出独到的见解。

十三、材料的深度、广度、厚度，取决于平常阅读、调度、调研、实践及思考的程度。 如果把写文章比作一场战役，那么材料就犹如兵马，兵马不够大多要打败仗，而"招兵买马"的功夫则要下在平时。在写作中，材料的深度、广度、厚度直接决定了文章的质量和水平，材料的积累关键在平常，与个人的阅读、实践和思考的程度紧密相关，所谓功夫在诗外。诸葛亮运筹帷幄，离不开躬耕南阳十年苦读；毛泽东同志一纸飞文决胜千里，离不开"马上、枕上、厕上"长期学习思考；茅盾先生在1930年春因眼疾不能看书，休养期间，同各式各样的人物往来闲谈，为《子夜》这部名著储备了丰富的素材。领导干部在写作中要学会谋"材"之功。要在阅读中取材，大量阅读、广泛涉猎，见人所未见、知人所未知，拓宽视野、博采众长；要在调度中取材，经常听取汇报，定期调度工作进度，了解最新情况和各方观点；要在调研中取材，及时掌握第一手资料，用脚步丈量素材的深度；要在实践中取材，注重总结、提炼工作实践中的做法、经验、成效；要在思考中取材，见物遇事常思、善思，不断打破认知"壁垒"和"天花板"，积累对各类事情的独到见解。

十四、写前充分酝酿，写时一气呵成，写后反复修改，写成不拘一格。文稿写作不是简单的"写"，而是一个复杂的"施工"过程，是构思、表述、修改等一连串动作的集成，通俗说就是写前、写中、写后、写成。一篇好的文章，看似作者一气呵成、挥毫立就，实则经过了百转千回。任何一篇文章写作之前，都离不开精心筹划、反复思考，诗人王勃每次在写作前都要蒙头大睡，等睡足后再展纸挥毫，大睡是假，实际是在大思，是在做充分的酝酿。领导干部要养成写作前思考的习惯，将文章立意、材料取舍、结构安排、语言表述等了然于心，让思考成为文章诞生的温床。文章一旦开笔，就顺着既定思路"一鼓作气"，不左顾右盼，不字斟句酌，纵情挥洒、意兴淋漓，才能思路顺畅、文脉贯通、一挥而就，形成头稿。"文章不厌百回改，反复推敲佳句来。"古今中外很多作品都是修改若干次才定稿，曹雪芹写《红楼梦》批阅十载、增删五次，托尔斯泰写《战争与和平》反复修改了七次。领导干部写文章要放下面子，不怕改、改不怕、怕不改，多听意见、精雕细琢、补充完善，直到满意为止。千篇一律的不是好文稿，所谓"文无定法"。毛泽东同志反对"党八股"，一生写出的文章不计其数，篇篇各具千秋。领导干部的文章写成后应当不落俗套、不拘一格，内容具有独到见解，风格具有自身特色，形成自己的"品牌"和"标识"。

十五、要有好的文风，努力实现理论与实践的有机统一。理论联系实际是我们党的三大优良传统作风之一，写文章也要坚持理论联系实际，形成良好的文风。唐宋八大家开风气之先，他们反对浮靡雕琢和怪癖晦涩的太学体，主张文以载道，观照现实，力行平易畅达、神清气爽。毛泽东同志写文章坚持古为今用、洋为中用、实用救国，专家学者不觉俗、党员干部不觉空、百姓群众不觉深，是我们党好文风的开创者。习近平总书记提倡讲大白话、大实话，既妙语连珠又情真意切，既妙趣横生又生动朴实，发出党的主张，喊出人民心声。"板凳要坐十年冷，文章不写半句空。"作为领导干部,写作著文不能坐井观天、闭门造车,搞理论堆砌、文字搬运,要打开大门、装着理论、迈开双脚,到基层去、到田野去、到群众中去,把形势看透、问题拿准、思路厘清、措施找实,让理论与实践有机结合,让好文章从土地里长出来、在群众中生出根。

十六、写作永远要让形式和内容相匹配,内容不同,写作手法也需作调整。 马克思主义哲学深刻指出,内容与形式既对立又统一,内容决定形式,形式服务内容,两者相互依存、相互制约。写文章也要把握内容和形式辩证统一的规律,既注重内容的开拓,也注重形式的探求,力争做到两者和谐统一,但当内容变化时,形式要随之变化。刘勰在《文心雕龙》中专门列《情采》篇讲述内容和形式的关系,强调"情者文之经,辞者理之纬,经正而后纬成",也就是写文章要先确定它的内容,随之才能产生畅通华丽之文辞。我国魏晋南北朝时期盛行的骈体文,明清以后科举考试采用的八股文,就是片面强调形式,导致教条刻板、空话连篇、言之无物。领导干部写文章,不能把内容和形式割裂开,更不能颠倒本末,一味追求表现手法,要坚持内容为主,形式辅之,既要"写吾所知,述吾所思",也要通情达理、表达情意,以至文质彬彬,然后君子。

十七、既要顶天又要立地,政治性、鲜活性都要强。 "文者,贯道之器也。"一篇好的文章,政治方向上要把得准,有登高望远的气势,境界要高,格局要大,视野要宽,便于工作推动落实;思想内涵上要紧贴时代脉搏,有脚踏实地的文风,表述鲜活,有血有肉,读起来引人入胜,手不忍释。习近平总书记就是善于把握政治性和灵活性的典范,他常用"缺钙""软骨病"来比喻理想信念的缺失,用"鞋子合不合脚,自己穿了才知道"比喻一个国家的发展道路选择方式,用"像石榴籽一样紧紧抱在一起"形容民族团结,这些话语让人听着亲切、温暖,在鲜活比喻中明白深刻道理。领导干部写文章,要胸怀国之大者,把握大局大势大事，把政治定力作为"导航仪"，善于以政治智慧求见解，以政治思维立观点；要脚踏实地，小处选材、深入浅出、见微知著，用鲜活的素材和事例表述观点，用接地气的语言扣人心弦，让群众愿意看、看得懂。

十八、不停即可，是写作最好的方法论。 凡事有方法，方法论最重要。写作是一件需要持之以恒、日积月累的事情，经常练笔，写得多了，熟能生巧，写作水平自然就提升了。《荀子·劝学》中说："锲而舍之，朽木不折；锲而不舍，金石可镂。"坚持写就是最好的积累方式。刘禹锡、苏轼晚年都在写作，一生中写下了诸多千古名句。冰心说，"生命从八十岁开始"，晚年病痛不能令她放下笔，年近九旬时还在发表文章。曾国藩坚持"每月作诗文数首，以验积理之多寡"，成就其著名的道德文章。生命不息，笔耕不辍，领导干部写作，就是要一直写下去，不能随意停止、中断。要强行坚持写作，迫使自己养成每天写作的习惯，随时随地写，抽出碎片化的时间来写，初期要克服"害怕写"的畏难情绪，循序渐进到"不怕写""写不怕""怕不写"；要在坚持中发现"写作之美"，把写作当作一种生活方式、工作方式。写作时间长了，自然得心应手，容易捕捉灵感，形成更多高质量的作品，进而增添原动力，形成热爱写作的情趣，展现更多的领导魅力，展现党员领导干部的良好形象。

领导智慧十八法

　　智慧是由智力系统、知识系统、方法技能系统、非智力系统、思想观念系统、审美评价系统等构成的。如果说智力是"形而下谓之器",那么智慧就是"形而上谓之道"。有智慧的人站得高、看得远,能够把握规律、顺应趋势,作出正确的决策。生活有生活智慧、处世有处世智慧、做事有做事智慧,当领导有领导智慧。"智者不惑。"对于领导干部来说,拥有智慧才能始终做正确的事、正确地做事,才能实施有效的领导。越是形势严峻复杂,越需要运用领导智慧来廓清迷雾、把准方向、应对挑战、争取胜利。

　　一、当政就要讲公平、正义、正气,做人间正道的坚守者和维护者。"政者,正也。"当政者就要带头走正道。"治国先治吏""官风正则民风淳",当政者坚守正道,社会才有正气,民族才会生生不息,国家才会兴旺发达。当政者不走正道、走邪道,正气不彰,处处乌烟瘴气,只会误政害民。"大道之行,天下为公。"习近平总书记强调:"领导干部要坚守正道、弘扬正气。"山因脊而雄,屋因梁而固,正道靠领导干部坚守。必须心怀正念、摒弃私心,以"正"修身、持"正"从事,为人民掌好权、执好政。讲公平,处事公正不偏袒,"一碗水端平";讲正义,为人正直、行事正当,公道正派、秉公用权;讲正气,光明正大、遵规守纪、激浊扬清，始终保持共产党人的政治本色。

二、实力的提升速度要超过名声的提升速度，只有这样才能不断走向更大的成功。 名声是"面子"、实力是"里子"。名声是了解一个人的开端，好名声确能给人带来好印象。然而，好名声不是靠喊出来的，而是凭实力拼出来的。超过实力的名声就像昙花一现，注定无法持久。当名声的提升速度很快时，切不可沾沾自喜，而要反思为什么会提升这么快，更要反思自己的实力是否配得上、实力的提升速度是否超过了名声的提升速度。永不自满、永不停歇，这样才会获得持久的发展、走向更大的成功。有的人靠作秀、取宠、讨巧博取廉价的名声，但"盛名之下，其实难副"，有名无实最终一定会"崩塌"。名声大于实力是危险的。《了凡四训》有云："世之享盛名而实不副者，多有奇祸。"领导干部干事创业为的是国家富强、人民幸福，名声并非追求的目标。当名声日盛时，更应谦虚谨慎、戒骄戒躁，把功夫下在提升自身实力上，不断学习总结反思，努力让实力提升的速度超过声名日显的速度。

三、地位不能大于贡献，职位不能大于能力。《论语》有云："陈力就列，不能者止。"作出多大的贡献，就享有多高的地位；拥有多大的能力，就在相应的职位上施展。如果声名显赫、位高权重，却没有作出相应的贡献、没有与之匹配的能力，就有倾覆的危险，对自己、对家庭、对事业、对人民都不是什么好事。有的干部，过于在乎自己的官帽、计较自己的待遇、琢磨自己的排名，却很少反思自己作出了多少贡献、拥有多大的能力，是否配得上现在的这个职位或想要追求的职位，其实这就是不自知。即使勉强走上了自己追求的职位，而德才不配其位，自己会干得很吃力、下属也会看不起，更重要的是贻误事业发展。领导干部的地位和职位源于付出和实干，牺牲多、奉献大，得到的褒奖就多，地位自然就高；靠得住、有本事，能干事、干成事、不出事，职位自然就高。必须牢记宗旨、甘于奉献，全心全意为人民服务；努力练就过硬本领，在急难险重任务面前勇挑重担、作出贡献。

四、只有善于团结，有整体意识，才能突破个人的力量。"众人拾柴火焰高"，"同心山成玉，协力土变金"。一个人的努力是加法、一个团队的努力是乘法，通过团结协作、优势互补就能实现"1＋1＞2"的效果。团结出凝聚力、出战斗力、出新的生产力，最大的力量来自团队合作，最大的本事就是团结干事。单枪匹马很难干成一番事业。习近平总书记指出："一个好的领导班子，要善于团结协作。""力量不在胳膊上，而在团结上。"刘邦、张良、萧何、韩信团结协作才有了大汉天下，廉颇、蔺相如"将相和"才有了赵国的祥和稳定，创造了坚强的集体，也让各自青史留名。团结是一种工作方法，更是一种品行操守、一种胸怀胸襟。做学问强调的是求新求异，当领导则要注意团结协作。领导干部要讲团结，带头发扬团结协作精神，相互搭台、相互补台，带领部属步调一致推进各项工作；要会团结，大事讲原则、小事讲风格、遇事多通气，善于推功揽过；要团结好，时时换位思考、将心比心，容人容言容事，把团结的效果体现在干事创业的成果上。当然，团结不是结团，也不是无原则的一团和气。

五、进退有度，才不至于进退维谷；宠辱皆忘，方可以宠辱不惊。

凡事皆有度。度是矛盾的统一体，是事物质和量的统一，是利与害的分界线。守度是大智慧。一项工作，做不到位会贻误发展，做过了度则事与愿违。领导干部想问题、作决策、办事情需要清楚哪些事能做、哪些事不能做，把握好分寸，审时度势，能进则进，不能进则守，如此才能游刃有余。有"度"就有成绩、有荣光、能长久，无"度"就惹是非、出事故、会受辱。不管怎样，都要悦纳结果、正确看待。能否正确对待宠辱，考验着领导干部的党性觉悟和胸襟气度。过分计较个人的宠辱，只会让自己心理失衡、言行失度、党性失范，甚至可能断送政治前程。邓小平同志多次强调，一个优秀的领导干部应该有很宽的政治胸襟。领导干部要有平常心，淡然坦然，豁达大度，宠辱不惊；同时也要有进取心，把党和人民事业的进步当成自己的进步追求，努力学习工作。

六、无事如有事时谨慎，有事如无事时镇定。 人无远虑、必有近忧，放松警惕就容易掉入陷阱；临大事须有静气，惊慌失措只会错上加错。无事时居安思危、警觉提防，如临深渊、如履薄冰，审慎小心，才能把问题解决在萌芽状态，防止造成严重后果，切不可掉以轻心。何况说"无事"就真的无事了？最多只能说事情还没有浮出水面或是我们没有发现事情、不想去做一些事情。那么，事情一旦发生了要怎么办？冷静理智、考虑周全、大胆决策，才能稳妥应对危机，切不可自乱阵脚。北宋苏辙说："无事则深忧，有事则不惧。"领导干部要有时时放不下的责任感，把全部心思和精力用在干事创业上。无事时，心不能空，提高站位，把握规律，增强前瞻性、预见性，见微知著，防患于未然；有事时，心不能乱，把握政治方向，保持头脑清醒，冷静观察，沉着应对，精准施策，稳妥处置。

七、格局的归宿是"干得好"，大格局必有"大手笔"。 曾国藩曾说："谋大事者，首重格局。"格局是指所思所想所行中表现出的站位高低、眼光长短、视野宽窄、胸怀大小。心有多大，舞台就有多大。格局大小决定事业的高度、人生的厚度，唯有大格局才能有"大手笔"，才能成就大事业。作为领导干部，若格局大，则胸怀天下、心系民生，立大志、做大事，就能自觉把工作放到大局中去思考、定位和摆布，做人忠诚坦荡、干事激情满怀，必将有"大手笔"；若格局小，则心中只有"一亩三分地"、自己的"五斗米"，连做到"干得好"都很难。领导干部要有"胸怀天下""我将无我"的大格局，正确处理好整体与局部、眼前与长远、个人与集体的关系，把"小我"归入"大我"，"小局"归入"大局"，培养海纳百川的大胸襟、气吞山河的大气势，干出造福一方、利在千秋的大作为。

八、顺其自然，凡事要听从内心，像水那样"随方就圆"。"明者因时而变，知者随事而制。"顺其自然是领导智慧的重要体现，因为"天下大势，浩浩荡荡，顺之者昌，逆之者亡"。辩证唯物主义告诉我们，客观决定主观，必须按客观规律办事，实事求是，发挥主观能动性，才能正确认识和能动地改造客观世界。领导干部干事业作决策一定要遵从客观规律，得之泰然，失之淡然，争其必然，顺其自然，像水那样"善利万物而不争"，倒进方形的器皿就成了方形、倒进圆形的器皿就成了圆形，自觉顺应形势和情况的变化。个人在规律和形势面前是渺小的，抵挡不住、反抗不了。领导干部一定要认清大局大势，不可螳臂当车、逆势而为。在顺其自然的情况下，有时候仍然可能会面临多种可能，犹豫不决、不知如何选择的时候，可以静下来听从内心深处最真实的想法，如此，即使选错了也少了几分后悔。当然，听从内心也要多一些理性思考，顺应时势，不可"钻牛角尖"。

九、身在万物中，心在万物上。苏轼诗云："不识庐山真面目，只缘身在此山中。"只有身在万物中，才能"春江水暖鸭先知"，近距离感受到事物的发展变化、发现存在的问题，做到心中有数，让工作更接地气、更符合实际、顺应民心。但很多时候，仅仅身在事中，容易"乱花渐欲迷人眼"，陷入事务主义是看不到事情的本质、洞察不了其规律的，只有跳出事情本身，心在万物之上，以全局视野看问题，从不同角度思考谋划，通过交换、比较、反复从感性认识上升到理性认识，才能透过现象看到本质，减少盲目性、克服局限性，取得实实在在的成效。领导干部既要"身在万物中"，亲力亲为、深入一线，脚踏实地、埋头苦干，求真务实、务求实效；又要"心在万物上"，跳出事物本身，高出两三个层次看问题、作决策，切实增强工作的预见性、方向性、针对性和主动性。

十、只有面对现实，才能超越现实。鲁迅先生曾说："真的猛士，敢于直面惨淡的人生，敢于正视淋漓的鲜血。"现实再苦再难，再残酷无情，都是客观存在的，是无法逃避的，只有坦然面对、奋力进取，才能改变现实、创造奇迹，超越现实、主宰人生，这才是大智慧。古有愚公面对大山阻隔的现实，以"子子孙孙无穷尽"的坚定坚韧，感动上天移走了太行王屋二山；今有云南省西畴县面对土地石漠化严重、基本失去人类生存条件的现实，以"搬家不如搬石头，苦熬不如苦干；等不是办法，干才有希望"的西畴精神，建成了宜居宜业宜游的喀斯特绿洲。阳光总在风雨后。领导干部要勇于面对现实，脚踏实地，一切从实际出发，坚持实事求是，掌握实情、规划未来、制定政策、改变现实，推进事业跨越发展。要奋力超越现实，仰望星空，立大志、做大事、建大业，做新时代的筑梦人、追梦人、圆梦人。

十一、善于走自己的路，才可能走别人没走过的路。 明代思想家王夫之说："新故相推，日生不滞。"新事物代替旧事物是自然规律，是大势所趋。因循守旧，走别人走过的老路，就会跟不上时代，必然被淘汰。习近平总书记强调："走自己的路，是党的全部理论和实践立足点，更是党百年奋斗得出的历史结论。"只有敢于走别人没有走过的路，才能收获别样的风景。走自己创新实践的路，是事业发展永葆生机的源泉。照搬照抄能应一时之急，但不能建一世之功。发展道路并没有固定模式，适合自己的才是最好的。进入新时代，面对层出不穷的新事物新挑战新问题，走好自己的路，要认清"路况"，一切从实际出发，紧密结合自身实际思考谋划发展之路；要打好"路基"，解放思想、开拓进取，革故鼎新、敢为人先，打破思维定式和路径依赖；要借鉴"路旁"，观"他山之石"，创自身特色；要看清"路标"，始终在中国特色社会主义道路上开创自己的发展道路。

十二、真正自信的人，总能够简单得铿锵有力。 自信是人对自己实力发自内心的肯定与相信，是有能力、有底气、有信心的自我表现和心理优势。毛泽东同志有句名言："自信人生二百年，会当水击三千里。"

展现了强大自信带来的无比豪迈和铿锵有力。自信是人生的精神脊梁。无论面对什么境遇，做什么事情，自信的人从不瞻前顾后，不过于在意别人的看法，说话办事就会简单干脆、刚毅果断、勇往直前、攻坚克难。自信是成功的基石。无论做什么事都会信心满满、意气风发，能够激发出强大心理动力，往往能够变不可能为可能，化困境为机遇，创造意想不到的成绩。领导干部要善于激发"内力"，为自己鼓掌，为自己加油，不妄自尊大、不妄自菲薄；要提升"实力"，加强学习实践，增长智慧、提高本事，不断增强干事创业的本领，从根本上增强心理资本。自信是成功的关键，自负往往是失败的开始，切不可自信过了头。

十三、对未来的真正慷慨，是把一切都献给现在。《论语》有言："往者不可谏，来者犹可追。"对于一个人来说，昔日不再重现，未来皆有可能，最好的时候就是现在，最好的地方就在脚下。时间对每个人来说都是公平的，倘若不从现在做起，不从现在倾尽全力去奋斗，美好的未来终究黄粱一梦，竹篮打水一场空。要立足于此时此地此情此景思考问题，把握好现在的时间、现在的人、现在的事，宵衣旰食、分秒必争，活在当下、把握现在，用今天的汗水浇灌明天绚丽的花朵。当然，活在当下、把握现在不等于"只低头拉车、不抬头看路"。要做好长远打算，把眼光放远、把视野拉宽，校准人生航向，才能走得更稳更远。

十四、解决矛盾最高明的方法，就两个字——换位。很多时候我们感到矛盾重重、无法解决，并不是事物本身有多复杂，而是只站在自己的立场上看问题，各执己见、互不退让造成的。心理学上有"同理心"的概念，它的基本意思是一个人要真正了解别人，就要学会站在别人的角度看问题。换位思考是人社会化的一个重要环节。站在不同立场上看待问题，从不同角度研究问题，往往会收到意想不到的效果。美国学者亚历山德拉和奥康纳提出过一个领导者的"白金法则"："别人希望你怎么对待他，你就怎么对待他。"领导干部越是身居高位，越要跳出以自我为中心的窠臼，用好换位思考的金钥匙，推己及人、将心比心，善于从不同立场看问题，多站在别人角度思考分析，才能够快捷地找到解决问题的关键和死疙瘩，做起工作来才能够得心应手，做到水到渠成、药到病除。

十五、成功是"熬"出来的，本事是"逼"出来的。 成功从不是一蹴而就的，本事也不是与生俱来的。曾国藩在家书中劝诫儿子："尔不可求名太骤，求效太捷也。困时切莫间断，熬过此关，便可少进。再进再困，再熬再奋，自有亨通精进之日。"容闳在办洋务遇困难想放弃时勉励自己："天下事有所激有所逼而成者居其半，困难之处，正可看作是激励和逼迫。"一"熬"一"逼"道出成功成才哲学。"熬"意在坚持，领导干部要保持"熬得住出众，熬不过出局"的危机感，初心不变、矢志不渝，经得住时间的煎熬、受得了苦难的磨炼，但这种"熬"不能不计成本、浪费资源，一定要算好投入产出账，以最小代价换取最大的成果。"逼"重在狠劲，不逼自己一把，永远不知道自己有多优秀，要对自己狠一点，不达目的不罢休，逼出战斗力、成就大事业。

十六、遇大事要静，遇难事要变，遇烂事要离，遇顺事要敛。 生活永远都是现场直播，谁也不知道下一秒会发生什么，遇事的第一反应，体现了人生的智慧。大事如泰山压顶，让人不知所措、慌中出错；难事是对能力素质的考验，经常让人无从下手；烂事缠身，当断不断反受其乱，让人深陷泥潭、徒耗精力；顺事易滋生骄傲自满，容易让人马失前蹄。不同的事以不同心态应对，才会取得事半功倍的效果。遇大事时，要沉着冷静，克服急躁之气，三思而后行，谋定而后动；遇难事时，要思变求变，此路不通另寻他路，他路不通就自创新路，学会变通，少些拘泥；遇烂事时，要及时抽身，腾出更多的时间和精力干正事；遇顺事时，不张扬、不炫耀，以谦自持，学会收敛，赢得口碑，成就自己。

十七、懂得授权，授予下属充分的自主权。 懂得授权是一种领导能力,也是一种领导艺术,它能让领导者"分身有术",有更多的精力去做职责范围之内的事,还能激发下属干事创业的激情。相反,领导者事无巨细"大权独揽",不仅自己累而无功,还会使下属滋生惰性。授权需要信任,信任是最好的激励,放心放手放胆地将权力分配给下属,支持其规范使用,充分发挥下属的主动性与创造性。授权需要宽容,对下属出现的一些小问题不能矫枉过正、上纲上线,对革新性、首创性的事,艰苦性、风险性的工作,允许"出错",宽容失败。授权也需要监督,授权不等于放任,要强化过程管理,注重方向引导,及时纠偏。既大胆放权,又不做"甩手掌柜",真正做到收放自如。

十八、低调不张扬,才能踏踏实实走得远。 饱满的穗子总是低着头,空瘪的稗子才总是高昂着头。低调是一种品格、一种智慧。越是低调做人者,往往越能成就大事;越是功成名就者,往往越是低调做人的典范。"木秀于林,风必摧之。"领导干部想要行稳致远,有所作为,必须学会身居要职而不显摆、有真本事而不狂傲、取得成绩而不炫耀、作出贡献而不张扬,审时度势、藏锋敛迹,多思慎言、保持定力,静悄悄地干大事,低调谦虚地走好每一步。

管理技巧十八法

管理是管理者通过实施计划、组织、领导、协调、控制来统一和规范组织成员活动，从而齐心协力实现既定目标的活动过程。管理从思想上来说是哲学，从理论上来说是科学，从操作上来说则是艺术。作为领导干部，实施有效的管理是最基本的职责，也是提升工作质效、打造过硬队伍的重要保障。

一、赏罚要适度，该宽则宽，该严则严。《孙子兵法》认为："赏无度则费而无恩，罚无度则戮而无威。"赏罚并举是管理之道，但"赏过头"会让受赏者恃宠而骄，"赏不足"又会挫伤积极性；"罚过量"会让受罚者产生逆反心理，"罚不足"则仍可能会有效尤者。所以，赏罚一定要把握好火候与尺度。领导干部在管理中，要学会宽严相济，大事讲原则，小事讲风度，守住内心的原则，保持住良好的人品，能容人容事，做事有尺，为人有度。

二、善用目标激励行动，既要确立近期目标又要立足长远确立长远目标。一位哲人曾说："有目标的人在奔跑，没目标的人在流浪，因为不知道要走到哪里。"目标是前进的方向、动力的源泉，做人做事如果没有目标，就容易随波逐流。正如俄国著名作家车尔尼雪夫斯基所说："没有目标，哪来的劲头？"做领导工作，既要立足当前实事求是，以看得见、够得着的目标推动工作稳扎稳打、步步为营，也要善于把握未来、树立远大追求，以长远目标凝心聚力、激发干劲，推动事业持续健康发展。但目标也不是越远大越好，如果能力驾驭不了愿望，现实支撑不了愿景，目标再宏伟也只是梦幻泡影。

  三、以人为本是管理的根本，戒掉"官僚气"、多些"人情味"。 管理的核心是管人，首要的就是以人为本的"人性管理"。以人为本的管理关键在于顺应人心、遵循人性。人心管理好了，队伍也就好带了。管理者并不意味着高人一等，如果总把下属视为被管理者、被统治者，只会让他们反感，不仅不能树立起权威，反倒失了人心。领导干部要对下属多尊重、多爱护、多指导、多关心，摒除"官僚气"、保留"烟火气"，少点"行政味"、多点"人情味"，以诚待人、以情感人，调动每个人的积极性。

  四、不会授权就不会管理，信任放权并付之以责。 美国管理学大师柯维曾说："授权并信任才是有效的授权之道。"合理有效的授权，不仅可以让管理者从事无巨细中解放出来，而且能有效激励和培养下属，让管理更加高效。俗话说："用人不疑，疑人不用。"当领导干部，要相信下属的能力和素质，学会授权，大胆放权、分权，做到统揽而不包揽。当然，放手不等于甩手，信任不等于放任，在授权的同时，也要赋之以责，加强监督和指导。

  五、大而化之解决不了问题，量化越具体行动越有效。 习近平总书记强调，要从细节处着手，养成习惯。如果对工作、对事业仅仅满足于一般化、满足于过得去，大呼隆抓，眉毛胡子一把抓，那么问题就会被掩盖。凡事只求"大概""差不多"，就会经常使工作"瞎折腾""白忙活"，忙而无功，毫无成效。"天下大事，必作于细。"只有注重细节、精细量化，才能"弓不虚发，应声而倒"。领导干部要树立精准思维，对工作的目标、任务、时限、标准、成效等，进行科学量化，实现精细化管理。

六、**不能管理时间，便什么也不能驾驭**。工作需要规划，时间需要管理。鲁迅先生曾说："时间，每天得到的都是二十四小时，可是一天的时间给勤勉的人带来智慧和力量，给懒散的人只能留下一片悔恨。"美国管理大师德鲁克说过："不能管理时间，便什么也不能管理！"时间是构成一个人生命的材料，是干事创业的稀缺资源。指缝太宽，时间太瘦，不善于管理时间，它就会悄悄从指间溜走，还何谈驾驭人生、成就事业。做领导工作，在位的时间有限，一定要以干事创业为上，善于进行时间管理，合理安排时间，不叫一日空过、不让一分一秒浪费。

七、**理直也要气和，义正还须词缓**。万事自有公论，有理不在声高，义正不在声急。不讲理是人的缺点，硬讲理是人的盲点。工作生活中，理直气"和"往往比理直气"壮"更容易说服人、打动人、改变人。留点余地给别人，不但不会吃亏，反而会经常收获意想不到的惊喜和感动。同样，义正词"缓"也往往比义正词"严"更能使人心悦诚服、赢得共识。任何人都不可能十全十美，任何事都不可能完美无缺，领导工作也一样，要多些气度与静气，少些针尖对麦芒。

八、**闻过则喜，才能从谏如流**。《论语》说："过也，人皆见之；更也，人皆仰之。"毛泽东同志说过，有错就改且知错能改的就是好同志一个。习近平总书记要求干部"始终实事求是，勇于直面问题，随时准备坚持真理，随时准备修正错误"。人非圣贤，孰能无过。但闻过则喜、知错就改既是一种智慧和勇气，更是一种格局和境界。《史记》说："苦言药也，甘言疾也。"过，往往是刺耳的，但如果能始终牢记"错就是错，不为错误找借口"，把闻己之过作为趋利避害的良药，就能够自觉从谏如流、自我革命，不断完善和提高自己。

九、**共识是奋进的动力，共识才能变成共为**。世间事，其心不一，其行各异。"千人同心则得千人之力，万人异心则无一人之用。"习近平总书记指出，人心是最大的政治，共识是奋进的动力。共识是共为的前提和基础，共为是共识的目的和归宿。做工作，善于求同存异、寻求最大公约数，凡是商量着办、努力求得共识，就能众力并万钧举，人心齐泰山移。如若各吹各的号、各唱各的调，就会像一盘散沙，不堪一击。领导干部要善把思想"共识"变为行动"共为"，用行动"共为"促思想"共识"。

十、作风就是战斗力，严明纪律规矩是作风建设的治本之策。 习近平总书记指出，抓作风建设要做到严以律己，并强调"严以律己，就是要心存敬畏、手握戒尺、慎独慎微、勤于自省，遵守党纪国法，做到为政清廉"。"严"字当头是作风建设的治本之策，只有让纪律更严明、工作更严谨、规矩更严格，让严以修身、严以用权、严以律己成为一种自觉，才能真正锤炼出硬作风，带出一支硬队伍。"欲影正者端其表，欲下廉者先之身。"领导干部一定要牢固树立纪律观念和规矩意识，始终按规则、按制度行使权力，自觉把权力关进制度的笼子里，以纪律规矩严，保证作风建设实。

十一、看别人看不清的事情，做别人不愿做的事情。 王安石曾说："非常之观，常在于险远。"就是说，想要领略到别人看不到的风景，就必须历经别人受不了的艰险和僻远。同样，别人看不清的事情往往是复杂的事，别人不愿做的事情往往是棘手的事，这些事正是拉开人们距离的考验，越是复杂困难的事情，越有价值，就越能成就一番事业。领导干部既要练就一双登高望远、预测未来的慧眼，把握规律、透视本质、预测未来，更要敢为人先、无私无畏、担当作为、主动磨砺。

十二、管理力重点是领导力，抓班子带队伍能力是核心能力。 美国管理大师德鲁克曾说："管理就是界定团队的使命，并激励和组织人力资源去实现这个使命。"作为管理者，能否令下属发挥最大能量，服从命令、听从指挥、有效工作，反映着其领导能力和水平的高低，决定着工作目标能否有效实现。领导干部要对一个地方、一个单位、一个集体进行有效管理，就要不断提高领导能力，掌握高超的领导艺术，抓出一个好班子、带出一支好队伍，做到说话有人听、办事有人跟。

十三、执行力不到位，一切都等于零。 为政之要，贵在落实；落实之本，重在执行。执行是最有力的宣言，落实是最有效的担当。执行力指的是贯彻战略意图，完成预定目标的操作能力。对于个人而言，执行力是核心竞争力，对于团队而言，执行力是重要战斗力。干工作如果"引擎转得震天响，就是不见车轮转"，再好的规划也落不了地，所有的憧憬都变成"纸上谈兵""画饼充饥"。领导干部只有具备坚决的执行力，才能真正做到召之即来、来之能干、干之能成。

十四、态度要严于律己、以身作则，做事不要事必躬亲、大包大揽。 《荀子》有言："主好要则百事详，主好详则百事荒。"实施有效的管理，管理者必须严格要求自己，以上率下、以身作则，加强对下属思想上引领、言行上示范、行动上带头，通过上行下效，带出队伍好作风、战斗力。但带头并不是事必躬亲。事无巨细、面面俱到、一揽包收不仅效率低下，还会挫伤下属的积极性。领导干部带头干、带领干、带动干，示范引领、合理放权，加强对工作的领导、对下属的指导、对风气的倡导，喊响"跟我上"。

十五、学会变通，才能困顿少、生机多、走得通达。 《周易》有云："穷则变，变则通，通则久。"变通，就是根据不同的情况作出非原则性的变动。万事万物都是不断发展变化的，如果一直"认死理""一根筋"，就会处处碰壁、事事受限。只有审时度势，灵活改变策略，才能破解难题，打开局面，赢得成功。领导干部经常处理各种复杂事件，还会遇到各种困难瓶颈，要学会三百六十度看问题、分析问题，因势而谋、顺势而动、借势而为，在不失原则的情况下，合情合理做事，实现事事通达。

十六、需要做什么就做什么，集中力量做需要做的事情。 想要成功就要清楚自己该干什么。很多时候做事无法取得成功，一是目标不对，二是力量分散。人的时间和精力是有限的，如果不知道需要做什么，工作就做不到点子上；如果没有集中精力在重要的事情上，就容易眉毛胡子一把抓，把工作干成撒胡椒面。作为领导干部，一定要善于紧盯地方发展需求、紧盯人民群众需求，搞清楚事业需要干什么、群众需要做什么，抓主要矛盾和矛盾的主要方面，以点带面、重点突破。

十七、不失诚信，不伤人心。《道德经》有言："信不足焉，有不信焉。"普通人丧失了诚信，就很难再获得他人的信任与尊重；管理者如果丧失了诚信，就有可能造成信任危机。领导干部诚信过不过关，不仅关系自身形象，更关乎全社会的诚信建设，关乎党的事业成败。只有带头讲诚信，对承诺的事"言必信，行必果"，才能受人信赖，从而形成凝聚力、号召力；如果言而无信，就会伤害别人感情，丧失人心。因此，领导干部一定要重诺践诺、言而有信，实现"人心换人心，黄土变成金"。

十八、管理有三个关键点：抓重点、做亮点、定节点。著名的管理学家德鲁克说过："管理是一种过程，一个系统。"要推动工作顺利完成，就要从系统的思维出发，坚持"两点论""重点论"相结合，点面结合，突出重点，以点带面，反对面面俱到。抓重点，就是要抓住重要领域、重要任务，抓住关键主体、关键环节，学会"十根手指弹钢琴"，合理安排工作主次、统筹兼顾；做亮点，就是要善于挖掘和选树工作中的典型经验，以局部出新出彩带动整体效果拔高，以典型引路，变"一花独放"为"百花齐放"；定节点，就是要做好时间管理，卡住工期，倒排任务，确保工作按时按量保质完成。

识人用人十八法

习近平总书记指出:"人识准了、用好了,党和国家的事业才会有可靠的干部和人才基础。"识人是一门学问,阅人无数,不如阅人有术。古人云:"十步之间,必有茂草;十室之邑,必有俊士。"但要识得"茂草""俊士",就要有专门的方法。对此,战国时期的李悝总结出"识人五法",《吕氏春秋》提出了"识人六法",诸葛亮有"观人七法"。然而,"人物难知"是"为官三难"之首,司马光也感慨:"知人之道,圣贤所难也。"识人用人可谓是天底下一大难事。领导干部如果不能知人之短、知人之长、知人长中之短、知人短中之长,则不可以用人,不可以教人。

一、经世之道,识人为先。毛泽东同志曾指出,领导干部最重要的两件事,一是作决策,二是用干部。会识人、识准人,是领导者履职的前提,是最重要的能力之一。识人准,事业兴。纵观历史,商汤从陪嫁奴隶之中识得伊尹,从此走向强盛;周文王于渭水河畔识得姜太公,开辟一代霸业;刘邦在乱世之中选出"汉初三杰",赢得楚汉相争先机。反之,如果不能识人,轻则如鲁庄公之于管仲、项羽之于韩信,因不识人才而事业难成,重则如唐玄宗毁于安禄山、汉文帝惑于邓通,因识人不准而导致国家动荡。练就一双识人的"火眼金睛",从而识得"庐山真面目",辨出真才与伪才。

二、为政之道，莫过于用人。 选贤任能历来是治国安邦的头等大事。《墨子·尚贤上》云："贤良之士众，则国家之治厚；贤良之士寡，则国家之治薄。"纵观历史上的治世，都离不开对官吏的严格管理和对人才的精心选拔。毛泽东同志曾说："政治路线确定之后，干部就是决定的因素。"习近平总书记指出："治国之要，首在用人。"我们党是执政党，用人权是最重要的执政权，是事关巩固党的执政地位、履行党的执政使命的大事，无论何时都要坚持党管干部、党管人才。

三、用人必考其终，授任必求其当。 选人用人效果最基本的是要看其最终能否把事做好，能否胜任岗位。干好工作、完成任务是对领导干部最基本的要求，如果选用的人连任务都完成不了，那就会严重影响工作推进和事业发展。"善用人者，必使有材者竭其力，有识者竭其谋。"黄石公在《素书》中云："用人不得正者殆，强用人者不畜。"诸葛亮在《便宜十六策·举措》中云："为人择官者乱，为官择人者治。"选人用人要坚持以德为先、德才兼备，把事业需要、岗位需求、群众的认可与干部德才、健康成长、潜质发挥有机结合起来，提高干部选任的人岗相适度、供需精准度。

四、用人不疑，疑人不用。 邓小平同志曾说："人才，只有大胆使用，才能培养出来。对那些真正有本事的人，要放手提拔。"用人不疑是领导干部可贵的品质，也是发挥人才全部潜能的关键。用人不疑可以与"得人"相提并论，只有"委之以诚者"，才能"人亦输其诚"；只有"以国士待人者"，才能"人亦以国士自处"。即使旷世奇才，如果任而不信、时加掣肘，使其超常作用不能得到发挥，实际上就等于没有得到人才。但"不疑"只是用人的一面，是有前提讲条件的，这个前提条件就是要先考实考准，只有确定为优秀可信的，才能大胆使用、放手使用；对在思想品质上有疑点的人，在能力上不能胜任的人，靠不住、没把握、不托底、不放心的一律不能用。

五、识人贵在正心，用人以公方得贤才。心正则事正，心公则道公。"胸中正则眸子瞭焉"，把心放正了，自然耳聪目明，不被自己的利害、好恶左右，能够客观地看人看事，自觉摒弃成见、偏见，慧眼识英才；出于公心，就会实事求是、光明磊落，坦坦荡荡、刚直无私，做到"一碗水端平"。对领导干部来说，识人用人权是"公器"，识人决不允许掺私情、夹私货、搞名堂；用人绝不能以权谋私、营私舞弊、排斥异己。对于人才，无论与自己关系远近亲疏，只要事业需要，就要大胆举荐和起用；若不是人才，不管谁举荐的，也要断然黜退。唯有做到正心以公，才能促成群贤毕至的健康选人用人生态，进而更好推动事业前进。

六、显绩潜绩都要看，潜质潜能更重要。当干部就得有政绩，没有政绩的干部不是好干部。政绩分显绩和潜绩，"显绩"立竿见影，看得见、摸得着；"潜绩"见效慢，费时费力、易被忽略，却往往最有价值。看一个干部，看其显绩和现状比较容易，潜绩和潜质潜能通常不易被发现，但它们的高低恰恰反映着干部有没有培养前途，并在很大程度上决定着干部将来能否成大事、能否担任更大的责任和更重要的岗位。如果只盯着干部的显绩和现状看，却忽视了干部的潜绩和潜质潜能，就很容易导致干部天赋被埋没。既要看现实情况、又要查历史资料，既要考察现实能力、又要研究干部发展潜力，方可准确分析评价干部。

七、人在事上练，刀在石上磨。俗话说："重担压快步。"一个人只有多经事、多干事，才能检验自己的"成色"，倒逼自己的潜能，从而不断进步、不断成长。同样，检验一个干部，也要在事中看、事中察，以事见人、作出准确评价。"路不险则无以知马之良，任不重则无以知人之德。"领导干部在难事大事要事上能不能扛得住、顶得上、打得赢，既是事业心、责任感和党性修养的"试金石"，也是衡量素质高低、称职与否的重要标尺。要到基层一线去，到困难大、事情多、矛盾集中的地方去考察识别干部，帮助干部经历千锤百炼，经历各种"世事"，从而练就高强本领，锻造成烈火真金，担当大任。

八、器局小，就不能容才聚才；见识俗，就不能知人善任。常言道："为人上者，最怕器局小，见识俗。"作为领导，最怕的就是心胸狭窄和眼光短浅。"德不广不能使人来，量不宏不能使人安。""江海所以能为百谷王者，以其善下之。"心中能装下多少人，才能领导多少人。只有胸怀宽广、气量宏大，能容人之长、容人之功，更能容人之短、略人之过，才能广泛吸引人才、凝聚人心。知人是善任的前提，善任是知人的结果。见识庸俗之人，往往人云亦云，缺少自己的思想见解，看人看事若只见其表不见其里，知之不深，则不足以任人，更谈不上善任。

九、把最合适的人选放到最合适的岗位，做到以事择人、依岗选人、人岗相适。"人才各有所宜，用得其宜，则才著，用非其宜，则才晦。"宝物如果被放错了位置，也会黯然失色；好干部被压错了担子，也会泯然如常。习近平总书记指出："用什么人、用在什么岗位，一定要从工作需要出发，以事择人，不能简单把职位作为奖励干部的手段。""以事择人者治，以人择事者乱。"坚持以事择人、依岗选人，才能职得其人、人称其职、人尽其才，事竟其功。如果人事不相宜、能力与岗位不相称，不仅影响干部成长，还会贻误事业。对好干部的使用应根据其专业特长、工作经历、兴趣爱好等情况，因事用人、因岗择人、因能授职，让好干部在最适当的岗位发挥最大的作用。

十、既要听其言，更要观其行。"能行之者未必能言，能言之者未必能行。"习近平总书记指出，看上去不太会说话，但茶壶煮饺子心里有数，干得很好，这样的人应该是我们喜欢的。当然，做功好，同时唱功也好，那就是锦上添花了。人们常说，行胜于言。"言"是手段、是方法、是认知，"行"是实践、是结果、是效果，"以言取人，人饰其言；以行取人，人竭其行"。听言必审其本，观事必校其实，观行必考其迹。看干部不仅要听他说了什么、怎么说的，更要看他做了什么、怎么做的、做成了什么,看他是否按照说的来做,做的是否达到说的效果,确保全面识人、精准识人、科学识人。

十一、不让老实人吃亏,不让投机钻营者得利。选人用人导向是"风向标",是政治生态的"晴雨表",用什么人就有什么样的干部作风,乃至什么样的党风。"用得正人,为善者皆劝;误用恶人,不善者竞进。"倘若投机取巧、蝇营狗苟的人春风得意,脚踏实地、埋头苦干的人就没有用武之地,就会出现"劣币驱逐良币"的"逆淘汰"现象。不让老实人吃亏、不让投机钻营者得利历来是我们党选人用人的重要原则。对老实人来说,重用是最好的重视,激励是最大的动力。我们就是要形成正确的用人导向,真正使那些老老实实做人、扎扎实实做事、实绩突出的干部得到褒奖和重用,让阳奉阴违、跑官要官者没市场、受惩戒,激励更多干部求真务实、担当作为。

十二、干部要才配其位,更要德配其位。"德不称其任,其祸必酷;能不称其位,其殃必大。"有德无才,难以担当重任;有才无德,终究要败坏党的事业;德才兼备,方能行稳致远。"才者,德之资也;德者,才之帅也。"德是第一位的,决定着才的方向和作用。自古以来,国之乱臣,家之败子,才有余而德不足,以至于颠覆者多矣。政治品质、道德品行不行的人,才干越强干坏事的能量就越大。选人用人,既看干部的才,更重干部的德,以德为先决条件,突出德的优先地位和主导作用,以德领才、以德润才、以德驭才,对德有问题的干部,本事再大也不能提拔重用。

十三、坚持任人唯贤,反对任人唯亲。坚持五湖四海、任人唯贤,反对任人唯亲,是我们党选人用人的一条重要原则。毛泽东同志曾指出:"在这个使用干部的问题上,我们民族历史中从来就有两个对立的路线:一个是'任人唯贤'的路线,一个是'任人唯亲'的路线。前者是正派的路线,后者是不正派的路线。"事实反复证明:任人唯贤,就会群英荟萃、人才辈出、事业兴旺；任人唯亲，拉山头，搞小圈子、小团体，必然正气不彰、人心不齐、事业不振。党和人民事业要不断发展，就要放开视野，唯贤是举，克服一切私心杂念，排除一切干扰阻力，把各方面优秀人才及时发现出来、合理使用起来。

十四、用人不在于如何减少人的短处，而在于如何发挥人的长处。 习近平总书记指出，要用好用活各类人才，不要求全责备，不要都用一把尺子衡量，让有真才实学的人才英雄有用武之地。人才之性，各有长短。北宋司马光总结说："凡人之才性，各有所能，或优于德而强于才，或长于此而短于彼。"有高峰必有深谷，有所长必有所短。实际上，人的长处和短处、优点和缺点，不仅是共生的，而且是普遍的，是矛盾的两个方面。"生材贵适用，慎勿多苛求。"在用人上，若紧盯着他人的短处不放，甚至想方设法减少他人的短处，不仅于事无补，甚至会影响事业发展。挽弓挽强，用人之长。当领导，就是要坚持用辩证眼光看待人才、对待人才，以事择人、扬长避短、随才器使、用其所长，容其所短、高效使用。

十五、赏罚不可轻行，用人弥须慎择。 晋代傅玄说："治国有二柄，一曰赏，二曰罚。""赏当其劳，无功者自退；罚当其罪，为恶者咸惧。"赏罚的功效能不能有效发挥，关键看能不能做到信赏必罚。如果赏罚随意、轻率施行，做不到有功必赏、有过必罚，就易挫伤人们干事创业的积极性，引起混乱。赏优罚劣是干部管理的有效手段，选人用人则是干部管理的前提与基础。前提不稳，一事无成；基础不牢，地动山摇。赏罚要慎行，用人更需慎重。用人不当、导向扭曲，不仅难以形成正向激励，甚至会贻误发展良机、误国害民。

十六、用人之术，任之必专，信之必笃。 "十年之计，莫如树木；终身之计，莫如树人。"领导干部应当尊重干部成长规律，保持耐心和远见，坚定不移支持，持之以恒培养，干部最终才会迅速成长。当然，对干部的关心和培养不等于就要系牢"安全带"、放进"保险箱"。若是帮带指导多、放权撒手少,"扶上马"始终不肯"放缰绳",这就把好事做过了头。让干部骑上马驰骋可能会摔跤,但只要不违反规章制度,就应充分信任,全力支持他们扬鞭策马、驰骋摔打。同时,要建立容错机制,引导他们在探索创新、破障闯关中砥砺前行,在干事创业、担当作为中茁壮成长。

十七、"善用人者,必使有材者竭其力、有识者竭其谋"。习近平总书记强调,要"努力形成人人渴望成才、人人努力成才、人人皆可成才、人人尽展其才的良好局面,让各类人才的创造活力竞相迸发、聪明才智充分涌流"。《淮南子·兵略训》中说道:"若乃人尽其才,悉用其力,以少胜众者,自古及今未尝闻也。"领导干部要坚持量才而用,发挥个人专长,使干部干起事来得心应手,让有才能的人竭尽全力发挥自己的力量,让有见识的人竭尽所能贡献自己的谋略,方能百事俱举。

十八、役其所长,则事无废功;避其所短,则世无弃材。习近平总书记强调:"管干部用干部的干部,要有'瞻山识璞、临川知珠'的识人慧眼,要有'劝君参透短长理,自有人才涌似云'的用人之道。"瓜无滚圆,人无十全。北宋政治家、文学家欧阳修有言:"任人各以其材而百职修。""任人之长,不强其短;任人之工,不强其拙。"对人才不可求全责备,而应避其短、用其长,则人人皆可为才、人人皆为可用。坚持用"两点论"任用干部,既看长处又看短处,用人所长、避人所短,优化要素组合,臻于最优配置,如此,人才便会越聚越多,事业便会越加发达兴旺。

领导修炼十八法

修炼，是指一个人不断自我净化、自我完善、自我革新、自我提高的过程。宝剑锋从磨砺出，梅花香自苦寒来。万事万物同理，领导干部也要不停修炼，才能炼出高境界、硬本事、真水平。在新形势下，错综复杂的国际形势和艰巨繁重的改革发展任务对领导干部的能力素质提出了新的更高要求。领导干部要更好地履行领导职责、推动经济社会高质量发展，特别需要不断加强自我修炼、提升自身素质。

一、为官先修德，官德修炼重在明大德、守公德、严私德。德国哲学家康德曾说："这个世界上有两样东西能引起人内心深深的震动，一个是我们头顶上灿烂的星空，一个是我们心中崇高的道德准则。"做官先做人，为官先修德。对于领导干部来说，有德有才是"上品"，有德无才是"中品"，无德无才是"庸品"，无德有才是"毒品"。领导干部加强官德修炼，就要明大德，铸牢理想信念、锤炼坚强党性；守公德，全心全意为人民服务，立党为公、执政为民；严私德，陶冶道德情操，坦坦荡荡、光明磊落。

二、有人格魅力的领导才是好领导，人格魅力来自持之以恒的修炼。魅力像淡雅的香水，它不是突然扑面而来的浓香，而是一点一滴地沁人心脾。人格魅力，产生感召力、凝聚力和影响力。邓小平同志曾说：

"共产党人干事业，一靠真理的力量，二靠人格的魅力。"领导干部作为领者、导者，人格魅力的大小，直接反映领导能力和水平，关系领导工作的成效。领导干部的人格魅力不是靠一时的权威、一事的表现，而是靠一如既往让大家心悦诚服的做人的品格、做事的风格、做官的标格，靠始终如一的坚持真理、自我修炼、向上向善。

三、从政就是为人民服务，服务就是从政时为人民奉献。周恩来同志曾说："我们国家的干部是人民的公仆，应该和群众同甘苦，共命运。"邓小平同志也曾说："什么叫领导？领导就是服务。"作为人民的公仆，从政的目的只有一个，就是全心全意为人民服务，这是由我们党的性质和宗旨决定的。民之所望，施政所向。领导干部要始终不渝地以躬耕为民为己任，心甘情愿地消耗自己，不断追求自我牺牲的崇高境界，自觉把为人民服务作为一切工作的出发点和落脚点，想人民之所想、急人民之所急、解人民之所忧，努力用自己的辛苦指数换取群众的幸福指数。

四、境界决定做人的起点与终点，胸怀决定做事的选择与成就。有境界则自成高格，无境界则流于低俗。一个人的境界虽然看不见、摸不着，却决定一个人能走多远路、能干多大事。要不断提升修养、学识和道德水平，自觉超越自然境界、功利境界，这样才能行稳致远。有了境界，还得有胸怀，"海纳百川，有容乃大"，胸怀有多大，舞台就有多大，要始终保持豁达的情怀和积极的态度，以博大的胸襟、非凡的气度容言、容人、容事，正确对待一时的成败得失，这样才能把事情干好、干出彩。

五、人无私欲，自然会刚；人无邪念，自然会正。林则徐在广东禁烟时写过一副对联，其下联："壁立千仞，无欲则刚。"人们也常说："万恶皆由'私'字起，千好都从'公'字来。"无私者无畏，无欲者身正，一个领导干部如果没有私心和杂念，心之所想都是党和国家事业发展，目之所及都是人民急难愁盼，那就不会为私欲所惑、不会为私情所困、不会为私利所动，也就能做到在关键时刻敢于亮剑、在是非面前坚守立场、在困难面前毫不退缩。作为领导干部，要把欲望关进自律的笼子，抛弃一切私心杂念，真正做到"清风两袖朝天去，免得闾阎话短长"。

六、不畏难，方能克难；不怕事，方能成事。 李大钊曾说："历史的道路，不全是坦平的，有时走到艰难险阻的境界。这是全靠雄健的精神才能冲过去的。"遇到困难矛盾畏畏缩缩、甚至绕着走，是解决不了问题的，而且矛盾只会越积越多、最后积重难返。前进征程上，越是困难如山、挑战艰巨，越考验我们迎难而上的勇气、不畏险阻的气魄。作为领导干部，要充分发扬遇事不怕事、遇难不怕难的精神，拿出"越是艰险越向前"的决心和勇气，勇于战胜前进路上的一切艰难险阻。

七、自己修炼好了，方可以身示范；自己修炼不到家，不可能服人。 孔子说："其身正，不令而行；其身不正，虽令不从。"明代政治家钱琦也说："治人者必先自治，责人者必先自责，成人者必先自成。"领导者以身作则、率先垂范，就能以上率下、不令而行；反之，则可能出现说话没人听、干事没人跟的尴尬局面。领导干部必须自觉讲党性、重品行、作表率，经常对照检查、检视剖析、反躬自省，做到以身作则、正人先正己，以自己的身端影正为身边人作出好榜样，不断提升公信力、凝聚向心力。

八、放大心胸看事，立定脚跟做人。 唐代诗人方干曾写道："来来先上上方看，眼界无穷世界宽。"启示我们，要以更广阔的胸襟、更宽阔的视野去看待问题，对事物才会有更全面的认识和把握。荀子道："千里之行，始于足下。"告诉我们，如果没有稳扎稳打、步步为营，什么理想都是镜花水月。二者的观点看似冲突，实则不然，简而言之就是要从大处着眼、小处着手。领导干部不能把眼光局限在自己的"一亩三分地"，而要有宽阔的视野，对世情、国情、省情了然于胸，把本地区本部门的工作放在全局中去谋划、去推进。同时，不驰于空想，不骛于虚声，扎扎实实地从奠基的实事做起、从不起眼的小事做起，一步一个脚印向前迈进。

九、着眼全局，才能做到驭重若轻。 清末民初的经史学家陈澹然在《寤言二·迁都建藩议》中写道："不谋万世者，不足谋一时；不谋全局者，不足谋一域。"着眼大局，才能跳出"围城"本身，立于"围城"之上看世界，从而轻松处理艰巨繁重的任务。党员干部特别是领导干部，要有全局观和整体观，自觉从党和国家大局出发想问题、办事情、抓落实，不拘泥于眼前的"半亩方塘"，努力做到既为一域争光、又为全局添彩，不断从胜利走向新的胜利。

十、识别、培养、任用人才不仅是一项基本能力，更是一份重要责任。 "治天下惟以用人为本。""用人之要，莫先于识人。"毛泽东同志曾反复强调，"政治路线确定之后，干部就是决定的因素"。他还明确指出，"领导者的责任，归结起来，主要地是出主意、用干部两件事"。习近平总书记指出，选好干部，用好干部，事关党的事业薪火相传，事关国运兴衰。能不能知事识人、辨才识德，能不能精心育苗、悉心培养，能不能知人善任、科学用人，不仅检验领导干部的能力水平，更事关党和人民事业兴衰成败。领导干部必须敢为伯乐、乐为伯乐、善为伯乐，不断提高识别、培养、任用人才的能力水平，切实担负好为党选贤任能的重要职责。

十一、能"兼听"要"能容"，拥有兼容并包的蓄力。 "兼听则明，偏信则暗。"历史上，唐太宗兼听、善听创"贞观之治"流芳百世，楚霸王不纳逆言尝"别姬之悲"警戒世人。做人做事，既要能做到"兼听"，更要有容言、容人、容物的胸怀。无论是逆耳忠言，还是持平之论，都是"原汁原味"的真话，往往能对科学决策提供重要依据。如果不善于充分听取各方意见，就容易偏信一面之词；而如果听了各方意见，却没有包容的心胸，往往比不听还坏。领导干部要容得下批评之声，听得进逆耳之言，始终保持海纳百川的心胸，充分集聚各方智慧，减少工作盲目性。

十二、慎"好"慎"独"慎"微"，具有心如止水的定力。 明朝文学家方孝孺说："人之持身立事，常成于慎，而败于纵。"《庄子》云："谨慎能捕千秋蝉，小心驶得万年船。"能不能严格管理自己的爱好，使之陶冶身心而不被人利用；能不能在人前人后、台上台下一个样，"吾日三省吾身"而不随波逐流；能不能一点一滴、一言一行不放松，最讲认真而不得过且过，反映着一个人自律的程度，决定着人生的高度。而做到这一切，关键在于要有"看庭前花开花落，望天上云卷云舒"的境界，要有心如止水、静若安澜的定力，始终做到"心不动于微利之诱，目不眩于五色之惑"。

十三、奖以励先进，惩以策后进，拥有赏罚分明的腕力。习近平总书记多次强调，坚持严管和厚爱结合、激励和约束并重，充分调动广大干部干事创业的积极性。只有让吃苦者有甜头、懒惰者吃苦头，优秀者上得去、平庸者下得来，才能让先进者鼓足干劲，让后进者看到差距，释放出最大的激励效果。古人有云："功必赏，过必罚。"做领导工作，要善于区分功过是非，做到赏罚分明，让干与不干不一样，干多干少不一样，干好干坏不一样，真正用奖惩的指挥棒激励人、鞭策人，凝聚起干事创业的强大合力。

十四、内心世界，既能柔情似水，也要阳刚不阿。《三国演义》有言："凡为将者，当以刚柔相济，不可徒恃其勇。"对于领兵打仗，刚中有柔、刚柔并济是一种很好的克敌之法。一个地方、一个单位，人员众多、性格迥异，一味地宽厚仁慈，就会难以约束，形不成战斗力；如果对人太过严苛，就会毫无生气，让人战战兢兢，就没有亲和力。过刚易折，过柔则靡。刚柔并济才可以更好地驾驭工作局面。领导干部要准确把握刚与柔的辩证关系，刚而不露、不直、不愎，柔而不弱、不娇、不软，既要形成一定的压力，又要使下属不过于紧张。

十五、生命的质量需要阅读来锻炼，人生的境界需要阅读来提升。莎士比亚曾说："书籍是全世界的营养品。"高尔基曾说："读书，这个我们习以为常的平凡过程,实际上是人们心灵和上下古今一切民族的伟大智慧相结合的过程。"阅读是最容易让人的思想走向高远的路径,也是获取知识最便捷最有效的方式。一个人不读书,只能感知眼前的那点事,做人往往就浑浑噩噩;一旦读了一些书,思想就会有新变化,做人也透亮了一些;等书读到一定量的时候,人的气质就会转变,境界和格局也大不同于以前,人生的"高峰期"自然就会不期而至。领导干部要牢记阅读不止、知识日长、精神永进,既要读有字之书,也要读无字之书。

十六、自律是解决人生问题最主要的工具,也是消除人生痛苦最重要的方法。 曾国藩曾说:"早晨不起,误一天的事;幼时不学,误一生的事。"自律是人向上向善的永久动力,一切优秀的背后往往是"苦行僧"般的自律。《国语》有云:"从善如登,从恶如崩。"自律的人,在追求美好的过程中,即使道路是曲折的,内心也是充实的、前途也是光明的,一切问题或艰难终将在自律的过程中破解,他也终将在自律的过程中收获理想、价值和快乐。可以说,正是"艰苦"地自律,成就了人的优秀;也正是自律得"艰苦",使优秀更具夺目的光芒。领导干部一定要把自律形成习惯,养成自觉。

十七、玩物丧志,贪欲败身;欲望过多就会相应地缺少智慧与灵性。 "天下大福,莫大于无贪欲;天下大祸,莫大于欲无底。"领导干部也是普通人,也有自己正当合理的欲望。但是如果沉溺于外界享乐,成为欲望的奴隶,就会败坏道德、危害健康、损害事业,内心也难有空间去容纳人生的智慧。人至官位要缚心,"千贪万贪,都是思想先贪"。事实上,领导干部最大的诱惑是自己,最难战胜的敌人也是自己,一定要经常给自己醒醒脑、提提神、敲敲钟,多为群众想、少为自己谋,自觉去除私心杂念,坚决遏制欲望升腾。

十八、如果成功有捷径,一定是懂得自省、时刻反思、及时修正。 现代美国教育家波斯纳提出被大家公认的研究理论:成功=经验+反思。

自省是人们对自身实践进行检查、评价、分析研究。反思是回头、反过来思考，从过往经历中吸取经验教训。修正是在自省反思基础上，对方向的重新定向，确保未来不偏不倚。自省和反思是成功的重要基础，及时修正是成功的关键。领导干部要学会在繁忙之中静下来、慢下来、沉下来，在"踱方步"中自省利弊得失，反思经验教训，及时修正错误，完善自己、行稳致远。

总结经验十八法

习近平总书记指出:"我们党一步步走过来,很重要的一条就是不断总结经验、提高本领,不断提高应对风险、迎接挑战、化险为夷的能力水平。"邓小平同志曾讲:"我们不靠上帝,而靠自己努力,靠不断总结经验,坚定地前行。"古人云:"度之往事,验之来事,参之平素,可则决之。"做事不反思,难免会贰过;工作善总结,收益会良多。善于总结经验既是中国共产党的优良传统,也是促进个人进步、推动事业发展的重要法宝。好干部是干出来的,也是总结出来的,小总结小收获、大总结大收获、不总结无收获。历史长河不息,时代考卷常新。领导干部只有勤于总结、善于反思,才能与时俱进、创新发展。

一、总结经验是领导工作的重要方法。进步来自总结、智慧源于反思,总结经验是前进的阶梯,也是领导干部提升能力水平的有效途径。毛泽东同志曾多次谈道:"我是靠总结经验吃饭的。"陈云同志曾说:"在前进中随时总结经验,这是提高自己的重要方法。"回望是为了更好地前行,总结是为了更好地出发。总结经验、再出发;总结教训、不贰过。现实中,一些干部工作总在原地打转、能力总是没有长进,甚至在一个地方多次摔跤、反复受挫,一个很重要的原因就是不善于总结反思。做领导工作,只有善于总结,才能全面、系统、客观、辩证地认识工作,从而增长领导智慧、丰富工作经验、提高领导水平，而且总结反思越及时、越全面、越深刻，收获也就越多。领导干部要把总结反思作为"家常便饭"，"吾日三省吾身"，在不断地总结反思、除旧布新中拓展认识、丰富自我，让每一次总结带来一次收获。

二、总结经验一定要有科学的态度。态度具有基础性、导向性、贯通性作用，态度科学对总结经验至关重要。科学的态度，源于马克思主义的内在本性、真理力量和科学品质。毛泽东同志曾指出："科学的态度是'实事求是'，'自以为是'和'好为人师'那样狂妄的态度是决不能解决问题的。"总结经验是否科学，关键是看能否善于运用马克思主义的立场、观点、方法，自觉按唯物辩证法观察形势、探索规律，举一反三、触类旁通。领导干部总结经验，要始终保持科学的态度，提高辩证思维的能力：做到经常而不是一时冲动、心血来潮；深入深刻而不是肤浅潦草，简单就事论事；联系实际而不是空对空、泛泛而谈，切实防止形而上学和片面性。

三、总结经验要遵循正确的逻辑过程。逻辑是事物发展的规律性体现，严密的逻辑才能产生清晰的思路。列宁曾说："任何科学都是应用逻辑。"说话要有逻辑，做事要符合逻辑，总结经验更要运用逻辑。厨师烹制每一道菜，先放什么、后放什么，什么时候火要大，什么时候火要小，多长时间起锅，都要遵循一个正确的操作流程。总结经验也一样，必须遵循正确的逻辑过程，通过缜密深入的思考把有价值的内容提炼出来、把碎片式的信息整合起来，搞清楚"为什么做、怎么做和做得怎么样"，把感性认知提升到理性认识。总结的基石是逻辑。毛泽东同志曾多次要求干部要"学点逻辑"。领导干部总结经验，一定要梳理提炼蕴含其中的事理逻辑、因果逻辑、矛盾逻辑、演绎逻辑，切实做到富有条理性、体现规律性。

四、总结经验要透过现象看本质。习近平总书记强调，要能够透过现象看本质，做到眼睛亮、见事早、行动快。"万物得其本者生，百事得其道者成。"毛泽东同志曾讲："我们看事情必须要看它的实质，而把它的现象只看作入门的向导，一进了门就要抓住它的实质，这才是可靠的科学的分析方法。"然而，事物的现象多种多样、真伪并存，如果总结经验仅满足于浮在面上、就事论事，就解决不了根本问题。要善于透过现象看本质，透过局部看全面，将丰富的感性材料去粗取精、去伪存真，总结才能找准主要矛盾、把握工作规律、抓住问题要害。古人云："莫看江面平如镜，要看水底万丈深。"领导干部总结经验一定要强化追根溯源的能力，善于洞察事物的发展本质，防止被假象迷惑，一味"跟着感觉走"。

五、总结经验要把握方向、关注全局。 俗话说："做事不由东，累死也无功。"古人云："善弈者，谋势；不善弈者，谋子。"讲的就是方向决定道路，全局决定成败。方向大于方法，全局大于局部。如果方向上迷迷糊糊，视野上处处受限，就会导致工作上辛辛苦苦，干起来冒冒失失。回望历史，中国共产党开辟的中国革命道路是前所未有的道路，之所以能够取得成功、创造奇迹，就是因为在历史发展的每个关键时刻，我们党都能以马克思主义的历史观总结经验、吸取教训，确保全党始终保持清醒、紧盯大局大势、坚定正确方向，避免事业巨轮偏离航向。在新征程上，领导干部只有当好"桅杆上的瞭望者"，坚持正确的政治战略策略，放眼全局谋一域、把握形势谋大事，才能切实把党中央的决策部署落到实处，创造出新的时代辉煌、铸就新的历史伟业。

六、总结经验要坚持应用实践标准。 马克思曾讲："人的思维是否具有客观的真理性，这不是一个理论的问题，而是一个实践的问题。人应该在实践中证明自己思维的真理性。"毛泽东同志曾指出："真理的标准只能是社会的实践。"总结经验，不仅是重要的工作方法，更是坚持马克思主义认识论的必然要求。人类的全部认识过程都是对客观世界的反映，不是从天上掉下来的，也不是人的头脑中固有的，而只能从实践中来。在实践中判断检验真理，又在实践中总结发展真理，这是真理发展的基本规律。实践出真知，在实践过程中善于总结、反思和归纳，就能使一个实践过程得到两次甚至多次的体悟思考，更好地促使实践的经验内化成自己的思维体系和方法论体系。实践永无止境，认识也永无止境。领导干部一定要自觉把认识与实践联系起来，务虚与务实结合起来，经常总结、善于总结，切实让认识在实践中不断提高。

七、总结经验要学会分析综合。习近平总书记强调，要深入研究、综合分析，看事情是否值得做、是否符合实际等，全面权衡，科学决断。"总"出真经、"结"出真果，分析、综合不可少。分析是把整体分解为各个部分来考察；综合则是在分别考察的基础上，把相关部分联结为一个整体来把握。分析是综合的基础，没有分析作为前提，综合就无从谈起；综合是分析的归宿，只分析不综合，分析就没有意义。总结经验，只有把分析和综合有机结合起来，才能形成系统全面、深刻科学的认识。领导干部在总结经验时，既要善于分析，也要学会综合，在分析基础上综合、在综合指导下分析，边分边合、分分合合，以此循环往复、相互渗透、螺旋上升，最终得出规律性、真理性认识，更好地推进工作、开创未来。

八、总结经验一定要走群众路线。习近平总书记指出："人民是历史的创造者，是真正的英雄。"总结经验，主要是总结来自社会实践的经验。人民群众是实践、认识的主体，总结经验从始至终、从调查到研究，都要走群众路线。否则，总结出来的所谓"经验"，可能既缺乏鲜活生动的东西，也容易脱离实际，还难以得到群众的认可。树木从泥土中汲取营养，英雄从人民中得到智慧；深入群众如鱼得水，脱离群众如树断根。领导干部要满腔热忱地践行全心全意为人民服务的宗旨，放下架子、眼睛向下，深入群众、深入基层、深入实际，甘当小学生，认真倾听群众的声音，善用群众的智慧弥补自己的不足，实事求是地不断总结经验、吸取教训、改进工作，努力让人民群众感受到实实在在、看得见的变化。

九、总结经验要吃梨品味、摒弃臆断。 习近平总书记指出："不论学习还是工作，都要面向实际、深入实践。"实践出真知，务实得真理。树立实践观点，一切从实际出发，坚持实事求是，是任何经验总结的基础。要知道梨的滋味，就得亲口吃一吃。脱离生动火热的实践，偏离实事求是的原则，得出的经验总结就成了无源之水、无本之木，最终会失真失实，跌入主观臆断的陷阱。领导干部要积极投身客观实践，了解真实情况，及时发现和纠正思想认识上的偏差、决策中的失误、工作中的缺点，及时发现和解决存在的各种矛盾问题，科学总结经验，使思想和行动更加符合客观规律、符合时代要求、符合人民愿望。

十、总结经验要重视特殊性。 特殊性是事物的特殊本质，是事物存在和发展的特殊原因，是事物彼此区别的根据。万物均特殊，世界上没有两片完全相同的树叶。总结经验就是在若干一般原理的指导下，在许多相对事物的比较中，找出特殊性。毛泽东同志在《中国革命战争的战略问题》里强调，"我们不但要研究一般战争的规律，还要研究特殊的革命战争的规律，还要研究更加特殊的中国革命战争的规律"，"如果不懂得这些，就不能在中国革命战争中打胜仗"。从特殊性上升为普遍性，用普遍性观照特殊性，才能真正破译成功的密码。领导干部要在马克思主义立场、观点和方法的指导下，着重对各种具体的事物进行研究，找出其特殊本质，不断补充、丰富和发展之前认知，使得经验总结更加深入、饱满、科学。

十一、总结经验是发现问题、研究问题、解决问题的过程。 印度诗人泰戈尔曾说："世界上使社会变得伟大的人，正是那些有勇气在生活中尝试和解决新问题的人。"出色的领导者总是勇于在总结经验时，对工作过程进行回顾与复盘，总结错综复杂的矛盾和问题是怎么发现、怎么研究、怎么解决的，从认识论、方法论层面去梳理提炼蕴含其中的感受与体会，概括出成败得失、好坏对错等。这种"发现问题、研究问题、解决问题"的过程，就是科学总结经验的过程，也是不断廓清迷雾、找准方向、行稳致远的法宝。对在工作推进中出现的问题，领导干部要善于观察、搜集、研究、归纳，对相关问题形成一个整体性的轮廓，进行深入思考分析，洞悉问题本质，对症下药、有效破解，并引以为戒，举一反三，最终形成科学的经验总结。

十二、总结经验是将感性认识经过"去粗取精、去伪存真、由此及彼、由表及里"推向理性认识的过程。 习近平总书记指出："要在深入分析思考上下功夫，去粗取精、去伪存真、由此及彼、由表及里，找到事物的本质和规律，找到解决问题的办法。"编筐编篓，重在收口。总结经验，关键是获得对事物的理性认识。但理性认识，不会通过经验材料直接显现出来，需要深入剖析研究，不断概括、提炼和升华，才能得到。若仅停留在事物表面，不深入研究其本质与规律，就不能得出深刻、管用的理性经验总结，就难以厘清思路、谋划未来。领导干部要善于把总结经验的过程，细化为对丰富的感性材料去粗取精、去伪存真、由此及彼、由表及里的提炼、辨别、延伸、深入的过程，不断进行科学抽象、筛选、加工、改造，以获得理性认识，更好把握历史规律，增强历史主动。

十三、总结经验要重视对错误和教训的总结分析。 毛泽东同志曾指出："总结经验有两点，一是优点，一是缺点。"习近平总书记指出："历史的经验值得注意，历史的教训更应引以为戒。"经验的一半是教训。前车之覆，后车之鉴。一次总结其实就是一次反思，就是对工作的一次检验、对事业的一次促进。只有及时总结、吸取教训，才能不断加深对客观规律的认识，进而纠正错误，使错误成为正确的先导。领导干部要善于对标问题检视自身，增强发现问题的敏锐性、改正错误的自觉性，始终确保自己沿着正确的方向前进，不犯颠覆性的错误；要科学分析导致错误和挫折发生的原因，"吃一堑长一智"，避免冲动和盲目，不迁怒、不贰过。

十四、总结经验要努力做到求真、求实、求新、求是。 解放思想、实事求是、与时俱进、求真务实是我们党一以贯之的思想路线，是一种思想方法，也是一种工作方法、工作作风。总结贵在求真、求实、求新、求是，任何夸大、缩小、歪曲事实和跟不上形势的做法都会使总结失去价值。求真，就是要有一说一、有二说二，做到客观、全面、公正；求实，就是要重实际、说实话、办实事、求实效；求新，就是要与时俱进、开拓进取；求是，就是要探索带有规律性的经验。领导干部要客观地而不是主观地、发展地而不是静止地、全面地而不是片面地、系统地而不是零散地、普遍联系地而不是孤立地观察事物，妥善处理局部和全局、当前和长远、重点和非重点等各种关系，既着眼于解决在实践中遇到的各种问题，又着眼于新的实践和新的发展，有的放矢、有针对性、有创造性地进行总结。

十五、总结经验不要把经验当作包治百病的灵丹妙药。 正确的认识源于实践，起于经验。然而，任何经验都不是万能的，过去的经验随着发展的变化，可能就会不适用，甚至会起反作用。如果我们一味迷信经验、唯经验是从，就会陷入经验主义，成为经验的奴隶，不仅会造成主观错误，还会贻误事业发展。"世易时移，变法宜矣。"事物不是静止不变的，变化是永恒的规律。领导干部要顺应形势发展，及时革除不合时宜的旧思想、旧方法，永远与时俱进，不断总结新经验、强化新实践，做到知行合一、学用相长。

十六、总结经验要注意抓住重点、兼顾一般。 毛泽东同志曾指出，总结经验"要抓住重点，从实际出发，根据马克思主义的观点，加以总结"。没有主次，不加区别，眉毛胡子一把抓，是做不好工作的，最终捡了芝麻丢了西瓜，自己却还全然不知。凡事先抓重点，找到并准确把握主要矛盾，不过分关注细枝末节，才能纲举目张。在任何工作中，我们既要讲两点论，又要讲重点论，在兼顾一般的同时紧紧抓住主要矛盾和矛盾的主要方面，以重点突破带动整体推进，在整体推进中实现重点突破。领导干部总结经验必须牵住"牛鼻子"，准确识别每一阶段的工作重点和主要矛盾，把握主题主线、主流本质，确保突出重点、抓住关键。

十七、总结经验需要把握其特点和规律。毛泽东同志在《矛盾论》中指出"矛盾的普遍性和矛盾的特殊性的关系，就是矛盾的共性和个性的关系"，并强调这是"关于事物矛盾的问题的精髓，不懂得它，就等于抛弃了辩证法"。人的认识遵循着由特殊到一般、再由一般到特殊的循环往复过程。矛盾的普遍性和特殊性是相统一的。对于领导干部来说，善于把握特点、能够掌握规律是从经验型领导上升为思想型领导的关键环节，是从跑腿型干部发展为善谋型干部的主要途径。很多工作中的问题，既有个体的、独特的一面，也有体现普遍性、规律性的一面。领导干部总结经验，一定要学习掌握好对立统一规律，坚持全面辩证总结，既要总结正面的经验，以优化我们的思维方式，又要总结反面的经验，以获得对失败的清醒认识；既要总结历史的经验，以少走弯路，又要总结新的经验，以不断适应变化发展的新常态；既要总结自己的经验，以增强工作的自觉性、主动性和预见性，又要总结别人的经验，以避免重蹈覆辙。

十八、总结经验既是一种理念也是一种方法，既是一种态度也是一种能力。做人做事既要有想法，更要有做法。总结也是这样，是否做好总结映照认知水平、反映工作态度、检验能力本领。不知总结、不愿总结，往往就会满足于感性认识，成为思想的懒汉；不会总结、不善总结，常常就会一脸茫然，无处下手，总结就成了形式，下多少力也难以有好成果。人们经常说，选择大于努力。做事树立总结的理念、端正总结的态度，就能多给自己一次选择的机会，学精总结的方法、练强总结的本领，选择就能如鱼得水、事半功倍。领导干部做好总结这门学问，既要在思想上有所提高，更要在具体实践中进行检验。

干好工作十八法

方法是为达到某种目标而采取的途径、步骤、手段等，是人类认识和改造客观世界的明灯和路标。毛泽东同志曾强调："我们不但要提出任务，而且要解决完成任务的方法问题。我们的任务是过河，但是没有桥或没有船就不能过。不解决桥或船的问题，过河就是一句空话。不解决方法问题，任务也只是瞎说一顿。"可见方法问题十分重要，方法得当事半功倍，方法失当事倍功半。

方向正确以后，方法便成为关键。工作中只有掌握科学的工作方法，才能确保高效、圆满完成各项任务，提升工作的境界和水平。

一、不要"差不多"，盯住"最完美"。"差不多"是我们平时常说的一句口头语。很多人学习上一知半解、浅尝辄止，工作中只求过得去、不求过得硬、满足于应付了事，生活中粗心大意、随意、邋遢，等等，其实都是"差不多"心态使然。"差不多"心态看似没有什么大碍，但是若干个小的"差不多"集中起来就会导致"差很多"，1%的疏漏往往会造成100%的错误，正所谓差之毫厘、谬以千里，上错一点、下错一片，长期下去对工作对事业不利、对自身成长不利、对单位形象也不利。其实质是一个态度问题，与能力基本无关，但与一个人的品行、性格、习惯有关。鲁迅先生曾专门批评过"马马虎虎"现象，胡适先生还写过一篇寓言故事叫《差不多先生》，这位差不多先生"十"字常常写成"千"字，"千"字常常写成"十"字，最终因为找错医生而一命呜呼。故事虽然滑稽可笑，但其处事方式，至今仍是不少人的写照。世界上的事最需要"认真"，也最怕"认真"，所以一定要强化精品意识、细节意识，时刻拥有"没有最好，只有更好"的理念，养成严肃、严格、严谨地对待工作的习惯，绝不忽视任何一个细节，绝不放过任何一个疑点，要做就把一件事做到极致，把"严细实"要求贯穿办文、办会、办事的全过程，切实做到"文经我手无差错、事交我办请放心"，自觉杜绝"差不多"，追求"最完美"。

二、长计划、短安排，立即做。长计划，就是说要着眼明天、着眼未来、着眼长远。"凡事预则立，不预则废。"一个对人生和工作有计划的人，就能胸怀大局、放眼长远，不为一时一地的不利所困。俗话说得好，愚者赚今朝，智者赚明天。有人说，机关工作天天短平快、年年马拉松。其实这其中也有一个科学合理的长期计划的问题，切忌贪一时之功、图一时之名，而要脚踏实地、从长计议。

当然，"不积跬步，无以至千里"，光有长期计划还不够，还要善于将其具体化、阶段化，也就是要有短安排，从细从实，每天给自己制订一个小的目标，计划好今天要完成的事情，这样不仅可以知道每天要做些什么、做了些什么，还可以对工作进行有效控制，让每一个小目标、短安排的成绩，都成为成功路上的阶梯和里程碑。

不管是长计划还是短安排，都要立即行动、马上就办，将工作落到实处，否则都只是一句空话。这样坚持一段时间，就会发现，计划的工作都能如期完成，工作效果也会非常明显，工作给我们带来的快乐也容易获得。只有做到了长计划、短安排，才能真正实现有序、有效；也只有把"立即做"当成自己的座右铭，并形成习惯，才能不断进步。

三、日清月结，有条不紊。所谓日清月结，是指办理现金出纳业务必须按日清理、按月结账。它原本是一个财务术语，运用到机关工作当中，就是要今日事今日毕，每过一段时间就及时"回头看"，检查审视一下自己的工作，确保任务不拖延、事情不遗漏。如果今日事明日做，那一定是"日日待明日，明日何其多"，工作就永远拎不清、无章法、效果差。有些人责任心不强，工作没有规划目标，任务稍重一点，就有畏难情绪，找理由拖延，觉得今天做不完的，明天还可以接着做。殊不知今天的事情做不完，明天的事情也会做不完，"躲过了初一，躲不过十五"，在拖延中自己并不快乐，反而会累积许多压力，严重影响工作效率，甚至导致自信心下降。

所谓有条不紊，就是说话做事有条有理，"不打乱仗"。这是一个非常重要的习惯，甚至影响一个人的成功和发展。工作往往人少事多，如果缺乏条理性，就会忙乱而效率不高、效果不好。做好日清月结，要统筹规划、有条不紊，不轻视怠慢眼前和当下的工作，把今天该做的事做好，把明天要做的事计划好、准备好，努力做到事不过夜、案无积卷，从容不迫、井然有序地应对复杂工作。

四、学习工作化，工作学习化。所谓"学习工作化，工作学习化"，就是要在学中干、在干中学，两手抓、两不误、两促进。事实反复告诉我们，学习力的高低是人与人之间拉开距离的重要因素。一个人只要做到坚持学习、善于学习、快速地学习，就一定会有所成就。当然，学习既是一件快乐的事，也是一件苦差事，再加上工作任务繁重，要长久地保持学习激情、提高工作效率，其奥妙就是在学的过程中结合工作，在干的过程中感悟学习，互相启发促进，自然而然就会在心中不断迸发出热情的火花。有人认为，一个人一生中90%的学习都是在工作中实现的，这是有一定道理的。

习近平总书记指出："领导干部学习不学习不仅仅是自己的事情，本领大小也不仅仅是自己的事情，而是关乎党和国家事业发展的大事情。"

大家应该把学习作为一种精神追求、一种工作状态、一种生活方式，下得苦功夫，求得真学问。要树立"不学习无以立"的意识，坚持向书本学习、向实践学习，边学边用、边用边学，在学习与工作的良性互动中不断增强本领，超越自我，不能把两者对立起来，搞成"两张皮"。

五、注重积累，始终在研究状态下工作。"合抱之木，生于毫末；九层之台，起于累土。"任何事物都要有量的积累才有可能发生质的变化，但也不是说积累越多就越好，如果没有研究和思考，那么积累也只是把一些东西堆砌在一起，做一个"储物柜"而已，工作、学习都是如此。每个人都有自身的职能职责，要想做好工作，必须能沉下身来、静下心来、置身事中，广泛了解自身工作所涉及的业务知识，做到底数清、情况明，成为本职工作的通才。有了一定的知识积累，还要注重调查研究，就是用脑子干活做事，不仅苦干实干，还要巧干会干。

在面临许多新情况、新问题、新矛盾时，必须在研究状态下工作，提出解决问题的点子、办法，这就要求我们要领会上级的精神、吃透书本的理论、借鉴别人的经验，结合工作实际，身在事之中、心在事之上，把握大局，多谋善断、敢于拍板决策。要强化问题导向、目标导向和效果导向，知行合一，日积月累，就能不断提升自身的专业素养、专业方法、专业能力，就能成为一个专家、成为工作的行家里手。

六、信息要对称，善于沟通。现在是信息时代，信息对称、沟通及时十分重要。每个领导要有及时获取信息的能力，要有总结归纳信息的能力，要努力成为提供相关信息的源头，要重视沟通协调。沟通是人与人之间思想和信息的交换，是人类集体活动的基础。世界上的事情，都需要沟通，沟通是人们必备的基本能力。及时有效的沟通，能达成协调一致的意见、形成步调统一的行动。

信息对称是做好自身工作、提高工作水平一个很重要的因素。对自己所从事的工作，要了解上面的要求、左右的情况、下面的进展，就要增强主动沟通的意识，确保上情准确下达、下情及时上传，着力构建上下贯通、左右衔接、内外一体、立体交叉的运转体系，实现各方面工作无缝对接，形成"整体一盘棋，同唱一台戏"的良好格局。

向上沟通要及时，该请示的请示，该报告的报告，既要提出问题，还要给出意见建议，上级决定了的事项要全力落实；同级沟通要真诚，互相尊重，换位思考，积极配合，不设障碍；对下沟通要体谅，不能蛮横霸道，颐指气使，要准确了解下属的优点和长处，有针对性地安排部署工作，关心关爱下属，增强亲和力、凝聚力。

七、分工不分家，主动补台。 "同心山成玉，协力土变金"。刘邦、张良、萧何、韩信相互协作补台才有了大汉天下，廉颇、蔺相如"将相和"才有了赵国的祥和稳定。团队是一个整体，团队是一个集体，团结协作、主动补台不只是一种工作方法，更是一种品行操守、一种胸怀胸襟。互相补台，好戏连台；互相拆台，一起垮台。工作中有人补台，就可能避免错误，或是将损失降到最低；若是"各人自扫门前雪，莫管他家瓦上霜"，"站在城楼看风景"，结果就会"城门失火，殃及池鱼"，一损俱损。

很多工作不是哪一个部门能单独完成的，同一个部门的工作也不是哪一个人能单独完成的，没有谁可以包打天下。要做到分工不分家，既提高个人单兵作战能力，也提高团队的整体作战能力，超越个体认知和个体力量的局限，发挥"1＋1＞2"的效果。班子成员之间、处室之间、同事之间，要重视互相补台，还要善于补台。帮别人补台，当无名英雄，时间久了，大家终会认清你的为人，最后都愿意为你补台。当然，补台不是毫无主见地盲从，更重要的是发现问题和不足，大胆提出意见，修正决策，不断完善；补台更不是毫无原则地迁就，对涉及个人利益的小事要讲风格，至于事关原则性的问题，则要敢于"拆台"，这样的拆台恰恰是为大局更好地补台。

八、执行有力，反馈及时。一个行动胜过一打纲领。习近平总书记指出："如果不沉下心来抓落实，再好的目标，再好的蓝图，也只是镜中花、水中月。"对大多数人而言，执行力是第一位的能力。提高执行力，要有强烈的责任感和进取心，要有从小事做起、从点滴做起的实干精神，要有较强的工作能力，要有健全的制度规则作保障，更要有及时反馈的"复命意识"和"画句号"的能力。事毕不回复，就像任务完成了99%，只有这1%没落实，虽然就差这么一丁点，事情却没有做到位。

实际工作中，绝不能搞先斩后奏、边斩边奏、甚至斩而不奏，也不能等任务全部完成了才反馈，应该注意适时反馈、阶段性反馈，这样做一方面可以让领导和同事放心，另一方面又能为正确决策提供依据，特别是在执行中遇到困难、发现问题时更需要及时反馈，以便重新调整思路和办法，从而更好地化解矛盾、解决问题。只要是和岗位职责有关的事，都要及时反馈，做到凡事有交代、件件有着落、事事有回音。

九、跳出自身看自身，立足自己看自己。人生是一个不断认识自我、完善自我的过程，一个人不可能完全看清自己，"不识庐山真面目，只缘身在此山中"。有些人经常自我感觉良好、夜郎自大，就是因为把自己局限在了一个较为狭窄的时空内，殊不知天外有天、人外有人。认清自我最好的办法就是"跳出自身看自身"。

一方面，要学会登高望远，放开视野去比较，看清自己的位置、自己的渺小，看到别人看不到的；要学会用"第三只眼"看自身，不以自我为中心，用旁观者的心态，高出事物的一两个层次来审视自己；要学会以人为镜，见贤思齐，照出自己的差距和不足，明确方向和目标。另一方面，要找准自己的定位，立足此时此地的人生思考问题，扬长避短，不纠结过往，不忧心未来，做好当下正在做的事，过好眼前的生活，立足自己看自己，这是一切工作的原点。

要善于正确认识自己，不能听了几句表扬就妄自尊大、自以为是，也不能挨了几句批评就妄自菲薄、自我否定；要能够搞清楚现状是什么样，未来要怎么发展，吃透上情，了解下情，把自己的潜能发挥到最佳状态，干一行爱一行精一行，活在当下，做好自己。跳出自身看自身，可以看得更加明白；立足自己看自己，能够走得更加顺畅。

十、事情要一桩一桩地做。 人们常说："饭要一口一口地吃，日子要一天一天地过，文章要一篇一篇地写，事情要一桩一桩地做。"这些都是大白话、大实话，却富有哲理。"心急吃不了热豆腐""一口吃不成胖子"，我们很多工作都不是一朝一夕、一蹴而就的，有的需要好几年甚至好几届领导班子传承接力，不能急于求成、心浮气躁。明朝吕坤在《续小儿语》中说："大凡做一件事，就要当一件事；若还苟且粗疏，定不成一件事。"就是说，无论什么事情，要取得实效、赢得胜利，都不能"东一榔头西一棒槌、打一枪换一个地方"，不能一阵风、不落实，更不能"脚踩西瓜皮——滑到哪里算哪里"。

部门工作事务繁杂，既要会总体把握、分步实施、统筹推进，更要发扬钉钉子精神，一件事不做则已，做必做到底，做到最后胜利。不能三心二意，不能"猴子掰棒子，抓一个丢一个"，如果这样就什么事也做不成。要咬定青山不放松，一茬接着一茬干，做好、做透、做实每一件事，用足够的耐心和韧劲面对工作生活，不折腾、不反复，久久为功，绵绵用力、一抓到底，积小胜为大胜。

十一、想问题、做事情要尽可能合情合理。 人有人情，物有物理，合情合理就是要合乎情理、合乎原则，两者兼顾。在现实社会中，有时候合情不一定合理，有时候合理不一定合情。中国自古就是人情社会，"投桃报李""滴恩泉报""千里送鹅毛，礼轻情义重"等传统观念在人们的头脑中根深蒂固。人不可能生活在真空里、没有感情，肯定也要讲人情，不近人情的人是缺少情商、缺少魅力和感召力的。但是，人情也有其世俗庸俗乃至功利丑恶的一面，只讲人情不讲原则的人，颠倒人情与原则的关系，丧失自己的立场和原则，迟早要"栽跟头"。

当然，情与理也不是完全对立的，一个人既不能太死板机械，更不能太圆滑世故，尤其面对重大利益和重要人事问题，要自觉和严密地设置人情防火墙，自己不去突破，也严防别人逾越。要重视人际关系，但不可刻意去追求搞好人际关系，要学会以简单对复杂，别人复杂，自己要简单。要同情弱者有善心，努力做到情理兼顾，在不好兼顾的情况下，坚持原则就是最好的选择，也是唯一的选择，只有这样才能保全自己，也才能做到"自己不打倒自己，别人永远打不倒你"。

十二、自觉按职能职责做事，永远忠于职守。 处在什么岗位就要履行什么职责，岗位就是责任，职务就是责任。不管是在公司里还是在家庭里，每个人都有一定的职能职责，这是我们做事的前提和方向，方向不对，努力白费。明确了职能职责，更要忠于职守，就是忠诚地担起自己的岗位责任和职责操守，时刻提醒自己工作就意味着责任，这是所有职业规范的基本要求。每个人首先要熟悉自己工作岗位的职能职责，对自己职能职责范围内的事，都要主动地去做，尽心尽力地去做，千万不要事事等领导来安排，那不是一个好员工。其实，每个人都做好了自己的本职工作，当好一个"循吏"，那也是大贡献。当然，也要有更高的追求，要努力做个"能吏"，发扬职业精神、工匠精神，以强烈的事业心和责任感对待工作，自觉做到"有信念，讲规矩、有纪律、讲道德、有品行、讲奉献、有作为"，苦累面前多思得，工作当中多思责，"专心致志，以事其业"，做到在其位、谋其政、负其责、尽其力，干大活、出新彩、干出水平。

十三、分清轻重缓急，抓本质、抓重点、抓关键。 轻重缓急是指各项工作有主要的和次要的，有急于要办的和可以慢一点办的。面对纷繁复杂的工作，要学会运用辩证法，善于"弹钢琴"，把最重要最紧迫的放在第一位，不太重要不太紧迫的放在第二位，依此类推，分出轻重缓急。

要善于紧盯大事要事打攻坚战、紧盯急事难事打歼灭战、紧盯薄弱环节打持久战，牢牢把控工作节奏、力度和质量，善于抓本质、抓重点、抓关键，切实做到"打鼓打到重心处、工作抓到要害上"。

抓本质，就是要善于透过现象看本质，知其然更要知其所以然，客观全面、深刻系统、辩证历史地看问题，坚持打破砂锅问到底，深挖细查，为工作打牢基础。抓重点，就是要抓主要矛盾和矛盾的主要方面，始终能分清主次、合理布局工作力量，以重点带动一般，不平均用力、撒胡椒面，不眉毛胡子一把抓，一把抓不如抓一把，都想一把抓反倒什么都抓不住，要把好钢用在刀刃上。抓关键，就是要把握关键少数，掌控关键环节，认准关键时机，"射人先射马，擒贼先擒王"，牵牛牵住牛鼻子，打蛇打到七寸上，牢牢把握工作主动权，集中精力，扭住不放，持续用力，善作善成。

十四、掌握特点，把握规律。 特点是事物本身所具有的特别之处，任何事物都有其自身与众不同的特性，也就是个性。但无论事物如何复杂、如何变化，其背后都存在着必然的内在联系和发展趋势，这就是规律，也可以称之为共性。规律具有稳定性、重复性、普遍性和客观性，我们不能任意创造和改变，但可以认识和利用它来改造自然、改造社会、造福人类。实践证明，善于把握规律，才能认识事物发展的轨迹和趋势，形成分析问题、解决问题的新思路和新举措。倘若没有掌握特点、把握规律，将会是盲目推进，不得要领，甚至事与愿违。工作同样如此，不同的部门和岗位都有其自身特点和规律，要想得心应手、从容应对、体现水平，就要掌握特点、把握规律。

要正视每一项工作的个性，以高度的责任感和严谨的工作态度，认真对待，全面分析，合理施策，有针对性地把每一个问题解决好、每一项工作落实好。同时，我们所从事的工作和所在的岗位也有共同的规律，不能"拍脑袋"决策，否则就要吃苦头，造成损失。要善于把平时零碎、肤浅、表面的感性认识，上升为全面、系统、本质的理性认识，使思想和行动既不落后也不超越于客观实际，增强认识规律、找准规律、把握规律的能力，提高运用规律的水平，从而在具体工作中增强主动性和有效性。

十五、始终保持适度的紧张感。天有日月星，人有精气神，工作必须在状态。对每一个人来说，压力太大会崩溃，但没有一定的压力，不保持适度的紧张感，对身体、对生命、对工作都是负能量。鲁迅先生有句名言："生活太安逸了，工作就会被生活所累。"青蛙在温水里待得太久，就会跳不出来；人如果太闲适，就容易生出事、干坏事。井无压力不出油，人无压力轻飘飘，有压力不一定是坏事，适度的紧张感对于一个单位、一个团队、一个组织、一个人的健康等方方面面都有好处，它能使我们不忘初心，远离职业倦怠，激发工作热情，甚至可以迸发出超乎想象的能力。工作任务重、节奏快，更要人在岗上、岗在心上，时刻警醒、积极适应、快速跟进，在落细落小落实上下功夫，以"一日不为，三日不安"的责任感和"时不我待，只争朝夕"的紧迫感，一心一意谋工作、干事业，推动创新发展。当然，也不能过于紧张，要劳逸结合，生动活泼，正确面对工作、生活、人际关系等多方面的压力，避免造成心理失衡和精神压抑。

十六、不多事、不误事、不坏事。不多事、不误事、不坏事，看似简单，要求不高，实则意蕴深刻。"不多事"就是尽好本职、守好本分，看好自己的门，走好自己的路，做好自己的事，不该看的不看，不该问的不问，不该说的不说，不该做的不做，不"越位抢球"，不无事生非，做老实人不吃亏。知事、晓事、不多事，就会太平无事。"不误事"就是勇于担当、敢于负责，坚持高标准、严要求，把岗位作为锻炼自己的舞台，认真履职尽责，把工作作为展示自己才能的载体，这是一种牢记使命、敬畏岗位的责任自觉。也只有责任才能使一个人坚持和长久。"不坏事"就是走得端、行得正，不坏别人的事、不坏大家的事、不坏集体的事。现在职场里，有些人名利思想作怪、价值取向错位、"红眼病"严重，喜欢搬弄是非、挑拨离间、混淆黑白，他们不是跟事过不去，而是跟人过不去、跟心过不去。要有阳光心态，光明磊落，坦坦荡荡，与人为善。

十七、急事缓办、缓事急办。所谓"急事"往往是突发事件、紧急事件、影响全局的事，让人措手不及，无法选择、不能回避。人的一生，遇急遇险在所难免，能够坦然面对，急事缓办、缓事急办才是大智慧。急事急办可能会忙中出错，急上加急就会错漏百出，难以弥补。急中生智也是有的，但可遇不可求，急中生智是超常态，急中失措才是常态，所以说很多急事反而急不得。急事缓办体现的是一个人沉着冷静、深思熟虑的智慧、勇气和应急能力，遇到急事要赶不要急，应当冷静思考、从容应对，不急于表态，不随便答复，考虑周全后再去妥善办理。

所谓"缓事"，是指常规性、日常性事务或者预先知道需要做的事，都是你的职责内必须做的事，如统计报表、会议纪要、旬报月报等，有的人往往认为这个事是一周或者一个月以后的事，现在不用着急，以后再说，最后缓事都变成了急事，时间到了就措手不及，弄得一团糟。缓事急办显示的是一个人的工作态度、工作的计划性和条理性，对缓事要有计划，抽空及时做，不要拖延，要事先安排，以免临时抱佛脚，忙乱而又得不到好结果。

十八、务虚与务实相结合。务实是指脚踏实地，从实际出发，说实话、办实事、想实招、求实效；务虚则指仔细分析，深入研究，搞清楚为什么做、做什么、怎么做。如果说务实是决胜千里之外的实践，务虚就是运筹帷幄之中的谋划。一般来说，人们比较警惕务虚不务实的毛病，却不大重视只务实而不善或不会务虚的做法，如果过分强调"埋头拉车"，忽视"抬头看路"，就会陷入事无巨细、疲于奔命的困境，工作就很难突破和提高。

没有务虚，务实就没有方向性，所务之"实"就可能是一种盲动或蛮干；没有务实，目标则停留在想象阶段，一切就都是空想。务虚是为了更好地务实，要务好实必须务好虚。每个人要在务实中生存，更要在务虚中提升，不能借口真抓实干否定务虚的重要性，错误地认为务虚就是空谈道理、只说不干，更不能借口务虚，不干实事、不求实效、坐而论道。既要真抓实干、求真务实，又要善于谋划、注重总结提升。一定要正确理解务虚与务实的关系，将二者有机结合，相互促进，相辅相成，不断提高工作水平。

读书学习十八法

常言道："兵无定形，文无定法。"万事万物同理，读书也无定法。严格来讲，读书是一桩很私人的事情，必须"亲自"。如何读？见仁见智。关键是要得法，真正做到有效、管用。也就是说，倘若读书不得其法，读得再多也没意义。

一、要有目标导向，做到活到老读到老。读书，让我们免于蒙昧和见识短浅，让人不卑不亢地活着，使人心灵干净。积极正向的读书人，命运一定不会差。但读书万万不可盲目，读书一定要有目标、有规划。远大的目标激励读书成功；规划越贴近个人实际，读书的"投入产出比"才越合理。读书无止境，阅读使人成长、使人进步，阅读的人不老、不倒，阅读要成为一种生活方式，如同吃饭、睡觉那样是一种常态，一直到自己的思想、生命停止。

二、开卷未必有益，慎重选择阅读对象。读书人理当把读书当作生命中最美的奔跑。常读书，才能明大理、知万千。宋太宗的名言"开卷有益"流传一千多年，渐渐演变成了后人的一种信念，即只要打开书本，就一定受益。其实，这不过是劝人读书的一句口号，是经不起推敲的。古往今来，坏书烂书不在少数，现今我国出版的图书早已有数十万种，谁能保证本本开卷有益？费尔巴哈说过这样一句名言："人是他吃的事物。"似可以模仿这个意思来谈读书,那就是:人是他所读的书籍。鲁迅先生有一句名言:"阅读是一次冒险。"诚哉斯言!我们理当警惕。所以说,不要轻易去读一本书,一定要慎重选择阅读对象。

三、书要一本一本地读,每一本书一定要读完。饭要一口一口地吃,事情要一桩一桩地做,文章要一篇一篇地写,书也要一本一本地读。专心致志,一次只读一本书,这本书未读完,决不读第二本。曾国藩就是这样读书的:"诸子百家,汗牛充栋,或欲阅之,但当读一人之专集,不当东翻西阅,如读《昌黎集》,则目之所见、耳之所闻,无非昌黎,以为天地间除《昌黎集》而外,更无别书也。此一集未读完,断断不换他集,亦专字诀也。"著名学者梁实秋也曾有这样一句名言:"桌上永远只放一本书!"如此读法,久而久之便成习惯,定能打下扎实的治学功底。

四、进得去出得来,能够用书而不为书所用。放下是非之心,不带"有色眼镜"去读书。朱熹倡导"凡看书须虚心看,不要先立说,看一段有下落了,然后又看下一段。须如人受词讼,听其说尽,然后方可断"。在没有读书前,有了先入为主的观点,好处是不容易被误导,但是也很容易作误判。凡经自己选择的书籍,一定要认真去读,抓住其根本,把握全书,真正读懂了,再作判断。然而,书读多了,一定要有思考,"学而不思则罔"。自己永远是阅读的主人,要能跳得出来,把知识转化为素质和能力,这样知识才有力量。除了读"有字之书",还要注重读"无字之书"。读书是心灵的旅行,旅行是心灵的阅读,身体和心灵总要有一个在路上!

五、苦读是基础,善读是关键。看书是在扩大知识面,是泛读的范畴;读书是巩固,消化吸收已有的知识,是精读的范畴。不管是泛读还是精读,首先是要去读,要持之以恒地读,要读到一定的量,才有可能发生质的变化,从而才会得到全面提升。有了苦读这个基础,再找到符合自身的好方法,实现速度与效果的统一,能够解其言、知其意、明其理，自然就能够使书为自己所用。

六、带着主动思考去读，带着欣赏与批判的思维去读。读书不光是简单的吸收，读书的目的是读以致知、读以致用、读以修为、读以致乐。知识改变命运，认知决定命运。只要是好书，"读"字当头，收益自在其中。这就需要思考、需要比较、需要既欣赏又不乏具有批判精神，进而从书中发现新问题、找到新方法、创造出新理论，超越前人。否则，即使读书过万卷，长期存档，也无异于垃圾文件，只会使自己的大脑速度减慢。

七、模块化阅读，结构化输出。有书不去读，书籍便是一堆废纸。读书人要拥有三百本左右的书籍作为阅读的周转、接续，才不会断档，才能做到读得从容。所谓"模块化阅读"，是把入手的新书分为三类：马上就读、留存备查、集中阅读。读完一本，要找相关的其他书来对照学习，触类旁通。所谓"结构化输出"，是说读后迅速用自己的语言，"搭建"其框架结构，"还原"其思维脉络。"思维如刀，书籍如砥。"想磨刀的人，未必在意砥之材质。

八、注重提高阅读的效率和效益。阅读最重要的功能是解决当下的问题。要真读书，就需要真正解决学而不真、学而不信、学而不乐、学而不恒、学而不深、学而不快、学而不择、学而不思、学而不积、学而不用等问题。还要特别注重提高阅读的效率和效益，有一种具体操作办法就是每次研读书籍不要超过两个领域，一些重要的书每年争取读一遍。

九、结合需要读书，急用先学。阅读让我们睿智，书让我们谦和；阅读让我们博大，书让我们思接千载、视通万里。善读，简单来说就是读旨端正，选读好书，方法得当。读书需要致用，读书的目的全在运用，所以必须结合自身需要来读书，需要什么就阅读什么，缺什么就补什么，并且急用的一定要先学。

十、有详有略，浏览和精读兼用。读书方法可分为快阅读、慢阅读以及泛阅读、精阅读，这些范畴都有其合理之处，却又互为悖反。用

"物极必反"的规律来看，什么方法都不能"一条道走到黑"。凡是阅读一定要有快有慢，快阅读是不可避免的。快速阅读（浏览）一本书可分六步走：了解书的主题，了解书的架构，了解重要词目，了解书的出版者，了解重要篇章，了解基本"脉动"。做到快阅读要有一定的阅读实践，逐步形成速读的能力。要真正成为博览群书的饱学之士，还要在快阅读的同时实行慢阅读。要把书读得有所得、有独到的见解，没有慢读修养几乎是不可能的。慢读才能出学问。慢读主要用于精读，唯有慢读才可能深读，"慢工出细活"。总之，要善于把快阅读和慢阅读、泛阅读和精阅读结合起来，当快则快，该慢则慢。

十一、宁可一日不吃饭，不可一日不读书。 读书是最低成本的旅行，读书可以体验无数种人生，而不读书只能"活一次"。读书，能解决大多数的迷茫。读书可以改变容颜，塑造优雅的气质。读过的书看过的风景，其实就是自己的格局。读书，就是一个让自己变得"辽阔"的过程。读书让自己的生命充满更多可能。毫无疑问，读书的好处多多，而人生一般来说难满百岁，这就需要我们特别珍惜，不教一日空过，把阅读作为一种生存方式、生活方式、工作方式，须臾不分开。每每读完一本书都是一分收获、一种享受，进而产生心流，那就成了自觉、成了习惯。

十二、好记性不如烂笔头，不动笔墨不读书。 "不进则退"是人生不可逆的自然规律。对于个人来说，如果没有外力督促，就会活在自己的固有思维里，或者活在自己的偏见里。因而理当学不止步，读书永不间断，并且要有一个好的阅读态度。坚持每阅读一本书，随时写下读书笔记或心得体会。读一本书，能够提炼几句有用的话出来，就算没有白读。要重视量的积累，实现二次阅读，还要不断提高利用笔记的能力。

十三、买书如山倒，看书如抽丝。 "不怕不识书，就怕书比书。"读书人应当养成定期到书店看书选书的习惯，还应拥有比较对照的读书方法。正如车尔雪夫斯基说过的："任何东西，凡是我们拿来和别的东西比较时，显得高出许多的，便是伟大。"读书人应建立自己的小书库，细水长流，与时俱进，实现比较品读、系统阅读，从而潜移默化、融会贯通。

十四、选书、读书、写书、荐书是个整体，相得益彰。 阅读的书籍主要有两类：一类是专业类图书，即与自己的工作相关的图书；一类是通识类图书，主要是指专业以外的，其他类知识的图书。既买又借，还可相互交换，形成源源不断、良性循环。专业类图书的阅读方法是反复阅读，特点是"狭窄而深奥"；通识类书籍的阅读方法是"宽泛而浅显"。阅读带来的愉悦和感受，不是通过其他生活方式所能获得的。有了一个量的积累，再到一个质的改变。所读的所有书给大脑带来的新信息，在某个时候就会派上用场。读书多了，有所思、有所悟，内心就会有种冲动，就能从不同的视角来审视世界、审视人生，就会带来不一样的感受与体验，看问题也会越来越通透，就能一针见血、直指本质。天长日久，自然会产生写的欲望。而且因为读的书多，写起来也会信手拈来。而通过写书，又将进一步激发自己阅读的内在动力。发现好书，还应乐于推荐赠送给别人看，一本书读的人多了永远是一件好事，"独乐乐不如众乐乐"。选书、读书、写书、荐书，其乐融融，此乃天下最好的个人嗜好，结交天下最好的良师益友。

十五、天下的书是读不尽的，要多阅读经典。 书海无涯，人生有限。唯有多读经典，才能解决这一矛盾。读一本高尚的书，就是与一位高尚的人士对话。态度越虔诚，收获就越大。国学传统中历来倡导"三诵"，朗诵、默诵、背诵。德国哲学家狄慈根说过："重复是学习的母亲"。所谓"书读百遍，其意自现"。有些经典需要反复读。不走弯路、直奔大师为上策也。

十六、努力把一本书由厚变薄，实现将书本知识由薄到厚和由厚到薄的过程。 要真正打好基础，有两个必然的过程，即实现将书本知识由薄到厚和由厚到薄的过程。由薄到厚是学习、接受的过程，由厚到薄是消化、提炼的过程。把厚书中的精华部分汲取出来，变成"薄书"，在对图书内容深入理解的基础上，经过自己的认真分析、思考，把它加以归纳、综合、概括，抓住书中提纲挈领的部分和最本质的东西，使书本知识真正为自己所有。

十七、"读万卷书行万里路"，建立自己的知识体系和思维体系。读书是人最大的福气。读书是一门艺术，也是一种乐趣，更是一种境界。读书如同吃食，除了选择自己爱好的食物，还要学会杂食，否则就会因偏食而造成营养不良。读书也是一种乐趣，如同出门旅行。一个真正懂得读书的人应该是这样的一个人：当他拿起书时，就如同在春天步入繁花似锦的园林赏花，就好像在夏天进入一株密叶如伞的大树下纳凉，就好似在秋天临止波澜汹涌的大江前看潮，就好比在冬天登上白雪皑皑的高峰处观雪，其乐无穷，其味矗矗。读书更是一个境界，如攀登高峰。永远守望高处那一片纯净的天空。博览群书是一个积累的过程，这期间，不仅要读万卷书，还应行万里路，扩大自己的视野，形成自己的格局，见多识广看问题才精确，从而有意识地建立起自己的知识体系。随着阅读量的增加，建立起自己的宇宙观、世界观、人生观，最终就能形成自己的思维体系。

十八、既要读懂还要读通，最终是遇见最好的自己。想要作出一番成就，必先经受困难。读书虽苦，却是走向成功的重要路径。读进我们脑中的书，是人生路上的重要路标，想走向哪里，书自会告诉我们答案。读书学习是我们每个人一生的修行，也是通向广阔世界最好的路。与此同时，还要吃得了坚持的苦。做一件事情并不难，难的是坚持做一件事；坚持做一件事也并不难，难的是坚持到底。读书人的上乘境界，是品味读书之乐，读得欣喜若狂，读得泪流满面，读得茅塞顿开，读得明白通透，读到遇见一个最好的自己！

调查研究十八法

调查研究是马克思主义者认识世界、改造世界的重要方法，是中国共产党的优良传统和重要工作制度，是中国共产党人的基本思想方法和工作方法，也是各级领导干部做好领导工作的一项基本功。马克思主义世界观和方法论，党的实事求是的思想路线，党的"从群众中来，到群众中去"的根本工作路线，都要求领导干部要做深入、系统、周密的调查研究。

调查研究是谋事之基、成事之道。调查研究其实是一种能力。做好调查研究工作需要讲究方法，也需要不断创新方式方法。新时代领导干部调查研究方法主要有：

一、**实地观察法**。这种方法是指调查者在实地通过观察获得直接的、生动的感性认识和真实可靠的第一手资料。但因用该法观察到的往往是事物的表面现象或外部联系，带有一定的偶然性，并且受调查者主观因素影响较大。所以，不能进行大样本观察，需要结合其他调查方法共同使用。

二、**问卷调查法**。这种方法是指间接地书面访问，这一调查法最大的优点是能突破时空的限制，在广阔的范围内，对众多的调查对象同时进行调查，适用于较大样本、较短时期、相对简单的调查，被调查对象应有一定的文字理解能力和表达能力。但由于问卷调查法只能获得书面的社会信息，而不能了解到生动、具体的社会情况，因此该法不能代替实地考察，特别是对那些新事物、新情况、新问题的研究，应配合其他调查方法共同完成。

三、抽样调查法。这种方法是指按照一定的方式、从调查总体中抽取部分样本进行调查，并用所得的结果说明总体情况。其优点是节约人力、物力和财力，能够在较短的时间内取得相对准确的调查结果，具有较强的时效性。其局限性在于样本数量不足时往往会影响调查结果的准确性。

四、访谈调查法。这种方法能够获得较多、较有价值的信息，适用于需要深入调查的情况。调查的对象一般差别较大，调查的样本也较小，调查的场所不易接近等。还存在由于访谈标准不一，其结果难以进行定量研究的问题。

五、会议调查法。这种方法是访谈调查法的扩展和延伸，因其简便易行，故在调查研究工作中比较常用。邀请若干调查对象以座谈会形式来收集资料、分析和研究问题。其优点是工作效率较高，可以较快地了解到比较详细、可靠的信息，从而节省人力和时间。但由于受时间条件的限制，很难进行深入细致的交谈。

六、文献调查法。这种方法是指通过对文献的收集和摘取，以获得关于调查对象信息的方法，适用于研究调查对象在一段时期内的发展变化，研究角度往往是探寻一种趋势，或弄清一个演变过程。其优点是能突破时空的限制，调查资料也便于汇总整理和分析。但这种方法一般只能作为调查的先导，而不能作为调查结论的现实依据。

七、统计调查法。这种方法是通过分析固定统计报表的形式，把下面的情况反映上来的一种调查方法。由于统计报表的内容是比较固定的，因此适用于分析某项事物的发展轨迹和未来走势。运用这种方法，应当注意统计口径的一致，要把报表分析与实际调查相结合，不可就报表进行单纯分析。

八、专家调查法。这种方法是指以专家作为索取信息的对象，依靠其知识和经验进行调查研究，对问题作出判断和评估。其优点是简便直观，尤其适用于缺少信息资料和历史数据，而又较多地受到社会、政治、人为等因素影响的信息分析与预测课题。

九、典型调查法。这种方法是指对在特定范围内选出的具有代表性的特定对象进行调查研究，借以认识同类事物的发展变化规律及本质的一种方法。在调查样本太大时，可以采用这种方法。但要注意选择对总体情况比较了解、有代表性的人作为典型调查对象。

十、蹲点调查法。这种方法是指调查者持续较长时间深入到一个或几个基层单位，进行全面、深入调查研究，认识调查对象本质及其发展规律、探索解决社会问题途径的方法。

十一、入户（单位）调查法。这种方法是指调查者到被访者家或工作单位进行访问，直接与被访者接触，然后利用访问或问卷逐个问题地询问，并记录对方的回答。

十二、随机访谈调查法。这种方法是指调查者根据需要在街头巷尾随机选择一些人进行访谈调查，此种方法最适合于针对一些社会问题听取民意的社会调查。

十三、观察调查法。这种方法是指调查者本人或利用相关机器，在调查对象旁边观察或记录其行动乃至社会行为的一种调查方法。被访者在被调查时并不感觉到正在被调查。

十四、网络调查法。这种方法是指借助互联网广泛开展调查研究的一种方法。互联网是一个超大信息库，可收集大量的信息资料。同时，可利用网络开展问卷调查、专家访谈、大数据分析等调查。由于网络具有即时、交互、远程、便利等特性，目前网络调查法的应用越来越广泛。

十五、电话调查法。 这种方法是指抽取一定的调查对象，通过电话访谈获得信息的方法。此种方法多用于民意调查、市场调查等领域。

十六、视频调查法。 这种方法是指调查者根据工作需要，选择特定对象，通过视频的方式进行直接访谈，以及时了解相关现场情况的方法，其优点是快捷、直观、客观。

十七、"解剖麻雀"调查法。 这种方法是指调查者选取一两个具有代表性的调查对象，到现场进行全面、深入、细致、系统调查的方法。其优点是能够了解更多更实的情况，掌握大量可靠的第一手资料。

十八、工作日志调查法。 这种方法是指调查者自己或组织相关人员自行进行，按活动发生的先后顺序随时填写日志的一种职务分析方法。其优点是可在一定的时间内获取第一手资料，有利于掌握情况特点、探索发展规律、优化工作流程、提高工作效率。

领导干部在实际工作中，不应拘泥于某种特定方法，应当相互交错、灵活运用这些方法，以求达到最佳效果。与此同时，要把微观调查和宏观调查、定性分析和定量分析结合起来，以更有效、更准确地把握问题，为研判形势、作出决策提供坚实基础，从而完成好自己所承担的任务和使命。

下编

领导艺术

领导工作之原理

领导艺术是有规律可循的，原理即具有普遍意义的最基本的规律。了解并掌握领导工作的原理是一切工作的基础，可以使领导者在错综复杂的矛盾中抓住主要矛盾、坚守基本原则。领导干部只有熟练地掌握、运用好领导工作的原理、方法及技巧，才能提升为政能力，创造性地开展工作。

理论上清醒，政治上才能坚定。习近平总书记强调："只有理论上清醒才能有政治上的清醒，只有理论上坚定才能有政治上的坚定。"领导干部坚持正确政治方向，做政治上的明白人，必须有理论上的清醒作保证。理论强党是我们党一以贯之的重要法宝。对一个政党而言，科学理论就是旗帜、就是方向、就是力量。回顾党的奋斗历程可以发现，我们党之所以能够历经艰难困苦不断创造新的辉煌，很重要的一条就是党一贯重视科学理论，始终把马克思主义写在自己的旗帜上，使全党始终保持思想统一、意志坚定、战斗力强大。只有保持理论上的清醒，才能确保言行始终正确。对领导干部而言，理论上的清醒绝非可有可无之事，而是事关政治坚定的大事要事。自觉用党的创新理论武装头脑。领导干部要不断加强党的创新理论学习，切实筑牢信仰之基、补足精神之钙、把稳思想之舵，始终真诚信仰马克思主义。要学习掌握贯穿其中的马克思主义的立场观点方法，切实拧紧世界观、人生观、价值观这个"总阀门"。要善于在复杂局势面前头脑清醒，始终坚持正确政治方向、保持政治定力。要大力发扬理论联系实际优良学风，自觉把学习成效转化为推进工作的具体行动，做到学思用贯通、知信行统一。

经世需理论，致用要方法。经世即治国理政、经国济世，强调要有远大理想抱负，志存高远，胸怀天下；致用指付诸实践、学用结合，强调要理论联系实际，脚踏实地，注重实效。经世致用通常用来指学问必须有益于国事。没有革命的理论，就不会有革命的行动。一个政党要走在时代前列，一刻也离不开理论指导；一个领导干部要做好本职工作，一刻也离不开理论学习。领导干部必须做理论的"先行者"，不断厚植理论素养、强化理论思维，善于用理论思维认识形势、分析矛盾、把握未来，努力提高执政能力和领导水平。事必有法，而后可成。方法是落实想法的关键一步。科学的思维方法、思想方法和工作方法是提高工作质量的重要工具和手段。领导干部要学习掌握科学的思维方法，善于运用战略思维、历史思维、创新思维、辩证思维、法治思维、底线思维、系统思维、精准思维等开展工作。要学习掌握科学的思想方法，善于运用马克思主义的立场观点方法分析研究解决问题，始终把稳思想之舵。要学习掌握科学的工作方法，严格按客观规律办事，及时发现和纠正工作中的问题，使各项工作更加符合客观规律、时代要求、人民愿望。

思想产生思路，思路决定出路。思想是思路的源头，思想解放才会思路宽广。而出路则蕴藏在思路之中，寻找出路就是一个不断打开思路的过程，有大思路才有大出路。领导干部不仅要有思想，而且要有宽广的工作思路。解放思想最可贵，思想有多远才能走多远。思想就是力量，思想成就人的伟大。习近平总书记强调："解放思想是前提，是解放和发展社会生产力、解放和增强社会活力的总开关。""想"才是领导干部的真正资本，敢想就等于成功了一半。领导干部思路开阔，首先要在思想上寻找突破,关键在打开解放思想这个"总开关",开动脑筋、实事求是、与时俱进,用新思想新办法去应对前进道路上的新情况新问题。思路一新天地宽,多一个思路多一条出路。穷则变,变则通,没有什么东西是永远静止不前的,世易时移,思路也要跟着改变,只有如此才能紧跟时代步伐。要树立科学的思维理念,培养创新思维、多向思维、开放思维、辩证思维、跨界思维,不断打开思维空间、打破条条框框,多个视角观察世界、多个角度分析问题,在变中求新、求进、求突破。要善于主动反思,时刻进行"实践—认识—再实践—再认识",始终在研究状态下工作,多开动脑筋、多总结思考,不断弥不足、强自身。

管理的基石是逻辑。管理就是计划、组织、指挥、协调和控制;逻辑就是事物发展的规律性,是关于正确思维和表达的科学。任何一项管理方法和行动的实施,其背后必定隐藏着一个正确的逻辑。领导干部作为社会公共事务管理者,必须懂得逻辑。没有逻辑就谈不上科学管理。有了逻辑,管理才会精密而有力、无可辩驳。管理者需要逻辑领导能力,首先必须具备逻辑思维。逻辑思维就是运用概念、判断、推理等思维类型反映事物本质与规律的认识过程。人们常说管理难,原因就在于:面对环境变化、复杂的组织管理、顽固性问题,照搬他人成功经验不一定适合自身发展,而自己又不具备搞好管理的逻辑思维。领导工作具有特殊性,要求领导干部必须具备非常严密的逻辑能力,这样,说话办事才有条理性、决策才有科学性,才谈得上科学管理。当干部就得多"学点逻辑"。毛泽东同志曾号召广大干部"学点逻辑"。学习逻辑可以培养和提高正确认识客观世界和探索真理的能力。领导干部要学习逻辑知识,重视逻辑问题普遍存在的现象,多读多看逻辑学方面的书籍,注重积累逻辑常识,努力学深悟透逻辑学中的原理,真正做到懂逻辑。要训练逻辑思维,树立逻辑思考的意识,善于根据正确思维的规律和形式逻辑的规则,对事物对象的属性进行观察、比较、分析、综合、抽象、概括、判断、推理和证明，正确思考、明辨是非、正本清源，使自己的思维更加理性。要提升逻辑能力，并自觉遵循和善于运用逻辑知识解决具体实际问题，在思想和表达中做到概念明确、判断恰当、推理合乎逻辑、论证有说服力，在具体行动上做到有条不紊，使自己逐渐具备"不可战胜的逻辑力量"。

没有高标准，就难有高质量。习近平总书记强调："标准决定质量，有什么样的标准就有什么样的质量，只有高标准才有高质量。"质量关乎成败，标准的高低直接决定质量的好坏，进而关乎事业的成败。领导干部必须始终坚持高标准、追求高质量。高标准出精品。标准高、要求严，各项工作自然会有质量、有实效；反之就容易虚空偏、走过场。任何工作如果没有一流的标准，恐怕合格的质量也达不到，要想达到高质量就更是难上加难。领导干部只有树立可"穷千里"的参照物，才能有"更上一层楼"的精气神，才会有卓有成效的工作。既要高标准，又要严要求。要高标准严要求"起步"，一开始就从高标准、严要求和可行性出发，时刻以"不满足"的态度去探索和登攀，制定一个既高又不脱离实际的目标，不断提高谋划工作的质量。要高标准严要求"推进"，发扬工匠精神，行动上从严从细从实，绝不忽视任何一个细节和疑点，力求把工作做成样板、争创一流，不断提高推进工作的质量。要高标准严要求"收尾"，以让组织放心、群众满意为根本衡量标准，实现外部高标准评估与内部自我加压相协同，不断提高完成工作的质量。

干部的主要职责是理政。担任党的领导干部，是组织的重托、人民的期待。领导干部必须增强角色意识，把主要精力集中到勤政务实上来。为官一任，自当造福一方。缺少政绩，领导干部就不足以担当起相应的领导责任；政绩不足，领导就失去了继续当领导的资格。习近平总书记谈到自己当年在正定县的工作经历时说："我当年到了正定，看到老百姓生活比较贫困、经济社会发展水平比较落后的情形，心里很着急，的确有一股激情、一种志向，想尽快改变这种面貌。"当领导干部，就是要有这样的意气风发和满腔热情，在任期内踏踏实实干出几件打基础、利长远的实事来。聚焦主责主业，种好"责任田"。每个岗位都有特定的职能作用，履好本职是领导干部最基本的职业道德。要找准主责主业，知晓所在单位的主要职能，熟知所处岗位的主要职责，掌握每项工作的规律特点，厘清每项具体业务的边际界限，立足岗位做奉献。要围绕中心、服务大局，自觉在中心大局中思考谋划主责主业，把主要时间、主要精力放在自己的"责任田"里。要"新政""旧政"一起理，牢固树立正确的政绩观，既理好"旧政"，一任接着一任干、一棒接着一棒跑，又理好"新政"，顺应发展趋势，大胆开展工作、锐意进取，不给下一任留"烂摊子"。

为官者要以知晓民情为要务。领导干部作为人民公仆，更要将人民放在心中最高位置，一草一木当晓百姓利益，一言一行勿忘党的宗旨。"春江水暖鸭先知"，知晓民情才能更好服务人民。在共产党人的世界里，人民是念兹在兹的不变初心。不知民情何以解民忧。领导干部既是上级决策的执行落实者，又是一方发展的组织领导者，为官一任着实不易，只有深入基层一线多听多看多调研，"滚出一身泥巴"，才能了解群众所思所盼，才能摸准难题症结，知晓群众在什么方面感觉不幸福、不快乐、不满意，真正与群众建立感情；只有真正走进百姓中间，用心聆听基层群众的声音，才能全面掌握实情，更好地服务群众、造福人民。当好民情民意"调查员"，为民服务解难题。脚下有泥，心中才有底。领导干部要虚心向群众学习，在群众中汲取营养，全面了解掌握群众生产生活问题，"身入"更要"心至"，问政于民、问需于民、问计于民。要以群众呼声为第一信号，真诚倾听群众声音、真实反映群众愿望、真情关心群众疾苦，把群众疾苦冷暖挂在心上，把群众利益当作第一追求，始终把人民对美好生活的向往作为奋斗目标。

责任感是办大事情的精神动力。责任感是一种自觉主动地做好分内之事、应担之责的自觉而清醒的精神状态。责任感是一个人担当尽责的原动力，当一个人从内心深处渴望承担责任，就能激发无限潜能。习近平总书记指出，看一个领导干部，很重要的是看其有没有责任感，有没有担当精神。尽多大责任，才会有多大成就。一个人能办多大事、取得多大成就，很大程度取决于他责任感有多强，坚持负责了多久。领导干部个人的成长进步需要责任感，有了责任感，才能在松劲懈怠时靠不断强化责任感去慢慢扭转；履行职责需要责任感，有了责任感，不论受到表扬，还是受到批评，甚至受点委屈，都能履职尽责；坚持不懈需要责任感，有了责任感才会有定力，才能够应对各种困难；奉献需要责任感，有了责任感，才会有较高的境界和觉悟，心甘情愿地去付出。责任重于泰山，在其位就要尽其责。岗位就是责任，职务就是责任。领导干部要以高度的责任感投入工作，自觉把工作当事业来做，始终对工作怀有敬仰之心、珍爱之情。领导干部要自觉培育责任感，对自己的岗位职责心中有数、胸中有谱，该承担的任务要主动认领，该担负的责任要主动认账，不越位、不缺位、不错位。领导干部要不断增强责任感，面对艰难险阻、矛盾问题，迎难而上、挺身而出。领导干部要心中永葆责任感，牢记履职尽责是使命所系，始终全力以赴。

领导工作之方法

毛泽东同志在谈到工作方法时曾经有一段论述，他说："我们不但要提出任务，而且要解决完成任务的方法问题。我们的任务是过河，但是没有桥或没有船就不能过。不解决桥或船的问题，过河就是一句空话。不解决方法问题，任务也只是瞎说一顿。"领导工作的方法，就是处理问题、解决问题的技巧和能力，就是要解决"桥或船"的问题。由于职位、职责范围不同，领导工作的方式和方法也各有差别，掌握科学的领导方法和工作方法，才能有力推动工作，更好应对挑战。

领导关键在于把握根本，并主导全局。领导干部或主政一方，或分管某一领域工作，只有善于顾大抓本，并能够主导全局发展，才能"运筹帷幄之中，决胜千里之外"。提衣提领子，掌船要掌舵。主要矛盾在事物的发展变化中处于支配地位，起着主导性、决定性作用，抓住了主要矛盾，也就抓住了问题的关键，这历来都是一种行之有效的领导方法。抓住了根本，还要善于引导全局发展。领导之"导"，就是要主导全局。面对复杂形势和繁重任务，善于主导全局，才能以全局带动局部，实现整体协调发展。抓住主要矛盾，把好关键之点。领导干部要统筹兼顾、善"弹钢琴"，坚持以马克思主义唯物辩证法为根本武器，坚持两点论和重点论的统一，重点解决主要矛盾和矛盾的主要方面，抓大放小、抓机放权、抓人放事，在重大事情上发挥关键作用，才能真正抓住根本，进而正确地处理矛盾，有效地推进工作。要从整体、全局出发对问题和事态进行综合考量和谋划，坚定政治方向，端正价值取向，顺应民心所向，抵制不良倾向，搞好顶层设计，把握整体运行。

高一个层次考虑问题。习近平总书记强调，领导干部"要围绕大局出谋划策、贡献智慧，'身在兵位，胸为帅谋'，主动对党和国家全局工作、对党中央抓的重点工作进行深入研究，多出大主意、好主意"。领导干部在工作中需要经常和上级打交道，而上级看待问题的角度、处理问题的方式总会和自己不一样，上级关注的往往比自己更全面、更长远。领导干部只有把自己置于上级的立场来感受其对工作的希望、对下级的希望，才能明白自己作为下级该如何做，从而更好履行职责。要站在上级的角度看问题、想问题、分析问题，跳出自己的"一亩三分地"，力争与上级同步、同位、同向思考，努力使自己提高思维能力和水平。上级交办的事要事事有回音，上级关注的事要及时汇报进展情况，多体谅上级、理解上级，对上级的不妥之处，要以适当方式指出。要主动寻找和上级产生共鸣的点，使自己所出之"谋"、所划之"策"更多进入上级视野。

瞻前顾后很难脱颖而出。瞻前顾后多形容顾虑重重、畏首畏尾、优柔寡断。那些瞻前顾后者，往往是不敢担当者、缺乏主见者，即使自身条件再好也难以成功。如果总是前怕狼后怕虎，往往会延误时机、追悔莫及，自然也就难以脱颖而出。一个领导者没有主意不行，主意太多也不行。如果考虑没有成熟，不断有新的主意出来，往往会天下大乱。与其多挖井，不如挖深井。胆识如利剑，果断是关键。确定一个正确思路，才能统一思想、集中精力，齐心协力抓好落实。能够脱颖而出的领导干部，一般都是那些在重大关头、关键时刻坚决果断、干净利落的人。习近平总书记强调："看准了的事情，就要拿出政治勇气来，坚定不移干。"领导干部要相信自己的判断,在尊重规律的前提下,对深思熟虑作出的决定,敢于保持主见,不断提振自信心,要事不避难、义不逃责,精准科学定好盘子。当然敢于坚持也不是说刚愎自用,必须加强学习研究,努力提高自身能力水平。

效率高是做好工作的关键。效率就是指在给定投入和技术等条件下,最有效地使用资源以满足设定的愿望和需要的评价方式。一个人在工作中的效率高低,对工作成效的影响是巨大的。高效率是领导干部工作能力的具体体现,也是提高领导水平的重要途径,更是开创工作新局面的根本要求。做任何工作都应十分讲求高效率。低效率的勤奋比懒惰更可怕。如果缺乏高效率,即使没日没夜地忙碌,也只是"磨洋工"。低效率的勤奋是伪装起来的懒惰。时间观念和紧迫感不强,事必躬亲、过分关注细枝末节,办事盲目、缺乏统筹兼顾、"东一榔头西一棒子",貌似工作勤奋,实则收效甚微,甚至还有形式主义、做表面文章之嫌。低效率的忙碌,就是在用战术上的勤奋来掩盖战略上的懒惰——表面上很刻苦,实际上却刻意回避了真正需要解决的问题。领导干部只有自觉提高工作效率,才能实现工作有质有量又有效。

重点问题重点解决。领导工作其实就是发现问题、研究问题、解决问题。矛盾有主次,问题有大小。抓住主要矛盾,解决重点问题,决定工作的质量和成效。打蛇打七寸,牵牛牵鼻子。抓住了主要矛盾和矛盾的主要方面,就抓住了重点,问题和困难就会迎刃而解。木桶原理告诉我们:一个木桶的容量不是取决于最长的木板,而是取决于最短的木板,不补齐"短板","长板"再长也无用。同样的道理,对工作中的重点问题如果不重点解决,其他次要问题解决得再好,对提升整体工作质量和效果也没有多大作用。可见,抓住了重点问题就抓住了工作的着力点、用力点、发力点,抓不住重点问题,工作往往就会舍本逐末,甚至南辕北辙。要善于"弹钢琴",坚持两点论和重点论相统一,强化辩证思维,合理分配力量和资源，科学掌握工作节奏，以点带面、以重点带动一般，推动工作整体发展。当然，对于什么是重点，必须科学分析和研判，贪大求全、多多益善，主观臆断、不切实际，都是错误的。

以身作则取信于下属。立信、取信是做人标准、成事之本。吴起为将，敬事用信，"与士卒最下者同食，与士卒分劳苦""卧不设席，行不骑乘"，以信任激励士卒奋勇向前，为魏国立下不世战功。"子帅以正，孰敢不正？"领导干部要赢得下属的信任和拥护，身体力行、以身作则、躬身实践非常重要。示范是最大的信任。领导干部不管干什么事情都必须以身作则、率先垂范，真正放下架子、作出样子，干在实处、走在前列，才能增强干部群众对自己的信任，自然自觉跟着走、跟着上、跟着干。如果只动口、不动手，而且还说三道四、指责不断，这样的领导干部自然就会失去个人威信，不可能得到下属的尊重、信任，也不可能把队伍的积极性主动性调动起来共同去攻坚克难。行动是无声的语言，示范是最好的引领。领导干部必须把率先垂范作为干事创业的准则，以实际行动提升个人威信和人格魅力，不断赢得广大干部群众的信任和尊重，切实形成"头雁效应"。以高度负责的事业心和责任感，为党和人民群众多办事、办好事，以实干、实绩取得信任和拥护。

真正的信任是激励的最好方法。信任是一种力量，是一种凝聚力，是敢于托付的一种高尚情感。领导干部只有积极创造一种相互信任的关系，才能更好激发下属的正确行为动机，充分调动其干事创业的积极性和创造性。信任是最大的激励。信任往往能产生一种强大的精神力量。刘备三顾茅庐请诸葛亮并托孤于白帝城，有了诸葛亮"鞠躬尽瘁，死而后已"。对下属而言，没有比得到领导的信任更让人感到欣慰和鼓舞的了，因得到信任而调动起来的积极性和主动性是自觉性的内在动力。组织与个人之间、上级与下级之间有了充分尊重和信任，才能激发对事业和岗位的热忱，以百倍热情投入工作，形成向心力、凝聚力、战斗力。

任用是最大的信任。领导干部对下属的信任最关键在于大胆使用，做到用人不疑、疑人不用。要用当其时，尊重干部成长规律，合理把握干部使用时机；要用当其位，把研究人和研究事结合起来，做到知人、知岗、知事，切实把合适的人放在合适的岗位。当然，信任不是放任，信任也要严管，也要监督，决不能让下属盲干、乱干、胡干。

急则用威，缓则用德。立德、树威是领导干部必须具备的领导方法。德和威树立起来了，该怎么用、什么时候用，这是一门艺术，必须把握好分寸，不然会适得其反。领导干部必须学会合理使用威与德。对下属只施以德不施威，难免会纵容下属，助长其骄躁之气，使管理陷入混乱。领导干部要想有效实现领导，就要树立领导权威。如果无威，再有能力在下属眼里也显得一无是处。德不可常失。习近平总书记指出："以德修身、以德立威、以德服众，是干部成长成才的重要因素。"急事可以用威，但并非没有节制，一些日常性、常规性的不紧急的事情，总是用威压制，用威过滥、过频，不仅让下属时刻处于情绪紧绷状态，还会使下属产生厌烦厌恶思想情绪。可见，用威过度也只会起反作用。"穷则变，变则通。"工作性质不同、要求不同，方式方法必须进行调整变换。一些可以按正常进度推进的工作，条件还不成熟需要稳扎稳打的工作，就要施行以德，真心实意对待下属，真挚热情关心下属，满足下属合理诉求，确保工作质量更高、效果更好。

抓能力必须抓方法，抓方法必须抓方法论。习近平总书记强调，领导干部无论从事什么工作，最紧要的是掌握科学的世界观和方法论，把思想方法搞对头，增强工作的全面性、系统性、战略性和创造性。领导干部要能担负起该担的责任，必须具备较强能力和方法，学习把握科学的方法论。方法重于能力。领导干部工作能力强弱，关键在于有没有好方法。方法论就是关于方法的理论，也就是人们认识世界、改造世界的根本原则和根本方法，它超脱于具体的方法之上，带有规律性、原则性、普遍性，是帮助人们寻找方法、创造方法和运用方法的一套理论体系或系统。领导干部加强能力建设、提升工作方法，就要从学习运用方法论这一根本上入手。领导干部必须坚持马克思主义创新理论，特别是用习近平新时代中国特色社会主义思想武装头脑，坚持运用贯穿其中的立场观点方法认识问题、分析问题、解决问题，增强战略思维、历史思维、辩证思维、创新思维、法治思维、底线思维，不断提高干事创业的能力和水平。

领导工作之禁忌

领导干部作为决策者,掌握着"方向盘",成功和失败往往在他的一念之间。所以需要更多地思考哪些事该做、哪些事不该做,不犯什么样的错误,不触碰哪些禁忌。触犯基本的禁忌所带来的不良影响,轻者下属离心离德,重者众叛亲离、身败名裂,甚至身陷囹圄。那么,领导干部在日常工作中要注意哪些禁忌?

忌急功近利。瓜熟蒂落、水到渠成,任何事物的发展都是一个从量的积累到质的飞跃的过程。拔苗助长、急于求成,非要做时机不成熟的事,结果只能是失败。以急功近利的心态看问题、办事情,以"快"论英雄,盲目追求短期政绩效应,既把握不住现在,更赢不了未来,即便能收一时之功,也会种下长久之患。干事创业绝不是一朝一夕、一蹴而就的,要想实现一番作为,就不能只热衷于做"质变"的突破工作,更要注重做"量变"的积累工作,沉下心来、厚积薄发,才能飞得更高、走得更远。所以领导干部要坐得住冷板凳,戒急戒躁,一步一个脚印做事,一点一滴成长,不折腾、不反复、不冒进,积淀出足够的实力和能量,这样当机会来临时,才能充分把握。

忌说话不慎重。古语讲"一言可以兴邦,一言可以丧邦",关键人物的一句话在关键时刻甚至能够影响历史的走向。领导干部掌握着一定的话语权，所以说什么、不说什么，在哪儿说、怎么说、说到什么程度，必须把握住、把握好。倘有不慎，轻则贻笑大方，损害个人形象；重则造成不良影响，损害事业。要重视自己的每一次讲话。"震天下者必震之于声，导人心者必导之于言。"讲话是领导工作的一项重要内容和基本功，要宣传群众、形成共识，就需要重视讲话，发好每一次言，这也是提高领导力、展现领导魅力的重要方式。要讲管用的话，直指核心、直面问题，能给人启发、鼓舞人心；要讲大白话，质朴简单接地气，让群众听得懂、记得住、落得实；要讲短话，直截了当、观点鲜明、重点突出；要讲有分寸的话，注意场合、时机、形势等是否合适，自己没有准备好、没搞懂的话，宁可不讲；要讲真话、实话，有一说一、有二说二，不欺瞒上级、不糊弄群众。

忌意气用事。意气用事是指缺乏理智，只凭一时的想法和情绪办事，具有认识上的片面性、情绪上的冲动性、行为上的莽撞性等特征，通常被认为是一种不成熟的表现。过刚则易折，骄矜则招祸。意气用事时作出的选择、决策，常常会让人后悔不及。做好领导工作，必须有激情、有干劲、能冲能闯，但理性须臾不可丢，决不能脑子一热就胡干乱干。人在冲动之下往往会做出过头之事，伤人害己。不做情绪的奴隶。有情绪是本能，控制情绪是本事。从事领导工作，必须先处理情绪，后处理工作。要分清个人感情和工作的关系，养成自我调适的良好习惯，及时清扫情绪垃圾，善于从挫折中吸取教训、从分歧中找到共识、从黑暗中看到光明，牢牢掌握住控制情绪的主动权，坦然面对各种挑战和困境。

忌听传小道消息。全媒体时代，信息的来源更加广泛，信息的真伪也更加难以辨别。领导干部作为社会事务的管理者、政策的制定者、秩序的维护者、措施的执行者，不信谣、不传谣是其必须具备的基本政治素质。小道消息往往是谣言。"小道消息"是经非正式途径传播的消息，可信程度一般不会太高，有的甚至是一些别有用心的人恶意编造的。对此，领导干部必须保持清醒的头脑和认知，不轻信、不传播，这既是《中国共产党纪律处分条例》《关于新形势下党内政治生活的若干准则》的明确要求，也是领导干部修身律己的题中应有之义。让权威发布战胜小道消息。领导干部不仅要从自身做起，不信、不传小道消息，更要增强舆情应对的能力和水平，面对突发事件，要在第一时间发布真实、准确、具体的相关信息，努力避免公众因信息不对称而在传闻与谣言的双重影响下，产生多重焦虑。

忌为下属能为之事。领导工作本身就是分工合作，各自有各自的角色，生旦净末丑齐心发力，共同努力才能唱出一台好戏。如果领导对下属职责范围内的且能够处理好的工作，都要去帮助解决，那么长此以往，下属会找不准自己的定位，不知道自己的职责，这样的团队往往会生出很多事端。毛泽东同志在1955年的一次省委书记会议上讲过，不担心这些省委书记没事干，而是担心他们事无巨细都亲自处理，没有时间想问题，就会犯大错误。一个人再怎么全能，也不可能包打天下。领导者更重要的是把方向、管大局、保落实，事无巨细、眉毛胡子一把抓，就会乱了阵脚，最终啥也没干好。所以领导干部要有清醒的角色意识，知道自己的位置在哪里，知道自己的权力、责任和义务是什么，各司其职、各尽其责，做到到位而不越位、尽责而不越权。

可以批评人，但忌整人。通常我们批评人，是为帮助别人看到自身缺点，使其加以改正后提升自身能力。批评和自我批评也是我们党的优良传统和作风，是依靠自身力量解决自身问题、始终保持马克思主义政党先进性的重要手段之一。但事物是具有两面性的，批评一旦过度就会走向反面，变为整人、排除异己的手段。要"正人"莫"整人"。"正人"是批评的根本目的，"整人"是披着"正人"外衣的别有用心的批评。前者，襟怀坦白、光明磊落；后者，心胸狭窄、卑鄙肮脏。领导干部要提倡"正人"、杜绝"整人"，坚持公道正派、对事不对人，敢于较真碰硬、激浊扬清、揭短亮丑。要掌握批评他人的方法，对待不同情况使用得当的方式批评教育帮助他人，既要会"春风化雨"又要会"疾风暴雨"，做到敢批评有担当，会批评有实效。

忌拿空话赞誉人。空话就是没有任何意义的话。用空话赞誉人，不仅别人尴尬，自己也尴尬。赞誉人要真心实意，搞些空话套话，不仅让与你真诚相处的人尴尬无比，而且久而久之，大家对你的印象也就"空"了起来，会觉得华而不实，与人相处没有真心。在工作中，大家往往看重自己在领导心目中的真实印象，领导的表扬往往是下属确定自己在本单位的价值和位置的依据，如果只会用一些空话套话忽悠下属，说一些无关痛痒的赞誉之词，大家就会感到没有得到真正的认可，长此以往，会伤害大家的自尊心和积极性。此外，无意义的空话套话，与我们党实事求是的思想路线不符，如果放任自流，定会带坏党风政风社风民风，导致空话套话横行，人与人之间毫无真诚信任可言。领导干部赞美人、表扬人一定要言之有物、恰如其分、中肯中听，让人信服，催人奋进。

忌好大喜功、自以为是。好大喜功、自以为是，都是自己崇拜自己、盲目自大的典型表现。隋炀帝杨广恃其俊才、骄矜自用，不把天下人放在眼里，在位期间穷奢极欲、穷兵黩武，导致隋朝灭亡。袁术在东汉末年群雄割据之时，在谁都觊觎皇位但又不敢公开时，自恃实力强大，公然犯忌登基称帝，当了几天皇帝就被赶了下来，败得很惨。当一个人陷入好大喜功、自以为是的怪圈中，那么离失败就不远了。谦逊是美德，自骄败人品。越是没有本领的人越自以为是、自命不凡。真正的强者待人处世摆得正自己的位置，能伸能屈、不卑不亢。要保持平常心，懂得自律自制，不计较个人名利，不为一己之利，做好大喜功、揽功诿过之事。保持理智，正确认知自我。对领导干部来说，必须正确认识组织，增强组织观念。不要太把自己当回事，也不能不把自己当回事。始终摆正自己的位置，既不妄自尊大，也不妄自菲薄，更不任性妄为，正确对待手中的权力。

忌一味指责别人。指责就如精神虐待,还是亲密关系的杀手。当有人不断挑刺说你的不是,打击你、抨击你,随时泼冷水,你的自我评价就会越来越受这些话的影响,不自信、怀疑自己,感觉自己很糟糕。作为领导干部,同事和下属是工作关系,大家人格都是平等的,谁也没有比谁高明多少,互相尊重才是正常的同事关系,一味指责别人,不仅有损自身形象,也是一种推脱责任的表现。少些指责,多些关爱。不管是对关系亲密的人也好,还是对同事和下属也好,真正的爱是希望对方好,及时提醒,咬耳扯袖,不让别人犯错误。对下属苗头性的问题,把预防的功夫用在平时,抓早抓小抓常抓长。要大力弘扬关怀友善的精神,让人民感受到春天般的温暖,让身边的同事感受到亲人般的关心,密切党群、干群关系,密切同事和家人的关系。

忌胸襟狭隘。领导干部要全心全意为人民服务,想问题、办事情、用干部都必须公道正派、心底无私。政在去私,私不去则公道亡。领导干部只有大公无私、公私分明、先公后私、公而忘私,事事出于公心、时时怀着公心、处处依照公心,自觉按原则办事、按规矩办事,才能挺得起腰杆、讲得起硬话。成大事者不计小怨。心量太小,难成大器;内心强大,则世界辽阔。古今中外,凡能成大事者,无不是心胸宽广、志向远大之人。领导干部要胸襟开阔、豁达大度,善于容纳那些与自己意见不同的人,扬长避短、用其所长,形成强大的凝聚力。要有顾全大局的气量、不计仇怨的雅量,以开放包容的心态为人处世,着力营造团结协作、群策群力、同舟共济的良好局面。

忌看人以偏概全。歌德曾说:"人们只看见他们听得懂的。所以,我们经常看到人们嘲笑他们所不了解的东西。"很多时候,认识往往会因为经验、见识和所处环境造成的局限,让我们想问题办事情以点代面、以偏概全。以偏概全如同管中窥豹,看不清全貌,自然也就得不到真知,还可能因此判断失误、选择错误，最终误人又误事。用以偏概全的思维去认识一个人，得到的结果往往是有偏差或谬误的，这是一种不公平的评价方式。所以领导干部要全面客观看人识人，不能只用一只眼睛看，只看人的某一方面，不看全面；也不能只看到这个人今天干了什么，没看到他以前干了什么。要用宽广的眼光看人，既看表象又看本质，既看优点又看缺点，既看优中之缺，又看短中之长，不用片面、极端的眼光看人。要用理性的眼光看人，既用"两点论"看又用"重点论"看，既看经历又看专业，既看显绩又看潜绩，不用感性、绝对的眼光看人。

忌因小圈子而失去大家庭。如果沉溺圈子文化，搞小圈子，那就会圈地而居，搞腐败搞特权。小圈子毒害人。有的人总觉得决定自己命运的是个别人，只有找个大靠山才有底气、有信心，只有站对队伍、进对圈子才能得到庇护。其实所谓的小圈子，多数时候仅是一种交换关系而已。小圈子因利而聚，利尽则散，注定永远是一颗毒瘤，贻害无穷。搞小圈子的心态无异于健康肌体上的一块瘀结，及早清除尚无大碍，任其发展必然逐步侵入肌肤骨髓，危及生命。拥抱组织这个大家庭。这圈子那圈子，群众是永恒的圈子；这山那山，组织是最大的靠山。个人成长进步，一靠自己努力，二靠组织培养。离开组织这个靠山，个人进步就是无源之水、无本之木。领导干部要牢记自己的第一身份是共产党员，第一职责是为党工作，始终忠于组织、相信组织、感恩组织，在组织这个大家庭里，立鸿鹄之志，长干事之才，把自己发展成为一个优秀的人，任何时候都与党同心同德。

领导用人之道

善用人者能成事，能成事者善用人。一位领导者不可能掌握现代化生产的一切科学技术，不可能在面对复杂多变的情况时还可以包揽各种巨细事务，不可能事事亲自动手去干，所以一位优秀的领导者要懂得用人之道，把各方面的优秀人才集聚到发展的宏图大业中来。

人才投资是效益最大的投资。投资人才就是投资未来。领导干部要树立科学的人才投资理念，具备长远眼光，将人才投资作为赢得未来的战略投资。对于人才投资切忌急功近利，要把眼光放长远，看到人才投资对于未来的超额回报。要在全社会强化"人才投入是效益最大、最有远见的投入"和"经济发展、人才先行"理念，确立人才资源开发的优先地位。要以实践和贡献作为评价人才的主要依据，不唯学历、不唯职称、不唯资历、不唯身份，不拘一格选才、育才、用才，让每个人都有成才的机会，让每个有志成才的人都有发展的空间，大力营造尊重劳动、尊重知识、尊重人才、尊重创造的人文环境，充分调动各类人才的积极性和创造性，让各类人才各得其所、才尽其用。

"经世之道，识人为先。"领导干部必须练就一双识人的慧眼，努力提升识人的水平。要坚持历史、实践、辩证的观点，善于从不同角度去看待人才，挖掘人才的优秀品质和潜在价值。对那些可造之才，既要听其言，也要观其行；既要看其为，还要看其所不为；既要看学历，还要看才干；既要看公德，还要看私德；既要看平时表现，还要看其发展的潜力。要善于在重大思想交锋、重大利益调整、重大政治斗争等时刻，检验干部的理想信仰和政治素养；在重大任务、艰苦环境、危急关头面前，检验干部的精神作风和能力水平。要坚持经常性、近距离、有原则地接触干部，多到基层干部群众中、多在乡语口碑中了解干部，在实践中发现、选拔人才。

公道才能选贤，正派才能服众。识人贵在正心，把心放正了，自然"耳聪目明"，不被利害、好恶左右，客观地看人看事。任人唯贤则兴，任人唯亲则衰。领导干部要把公道正派作为选人用人的生命线，坚持公道正派、实事求是。"采玉者破石拔玉，选士者弃恶取善"，领导干部要学会用科学辩证的观点识人用人，善于看主流、观大节，切忌以偏概全、一叶障目、求全责备；不用感性、绝对的眼光看待干部，善于听取大多数群众的意见，切忌偏听偏信。要坚持严管厚爱，好干部是"选"出来的，更是"管"出来的，严与爱、赏与罚不可分割、相互促进。要认真落实习近平总书记关于"三个区分开来"的重要指示和要求，为敢担当的干部担当，为敢负责的干部负责，把各类人才聚集到党和人民的事业中来，为他们大显身手、建功立业提供舞台。

"用人如器，各取所长。"用人和使用器物是一个道理，器物各有各的用处，一个善于使用器物的人，能够合理使用各种器物，充分发挥各自的作用。用人也是如此，应该弃人之短、用人之长，人尽其才、才尽其用，力求最佳和最合理的人力资源配置，人才资源的利用率越高，浪费就越少；配置越精准，就越能把潜在资源变为现实优势。让专业的人干专业的事。"术业有专攻"，隔行如隔山，把专业的事情交给专业的人来做，往往能够事半功倍。用其所长、避其所短。世上很少有全才，如能用人之长，则世无弃才；若求全责备，则无可用之人。着眼于人的优点和长处，就能发现人才、用好人才、留住人才。

管人的核心在管少，治事的要诀在治大。领导工作千头万绪，若不分主次，眉毛胡子一把抓，很难取得良好成效。只有摆脱烦琐的事务，才能站得高、看得远，更好地考虑发展大计和重大决策。领导干部看问题、办事情要善于抓重点，将人力、财力、物力用在最需要的地方，集中主要力量解决主要矛盾。要坚持"小事有所不为，大事要有所为"，强化"导演"意识，淡化"演员"意识，真正把握大局、掌控方向，做到超前谋划、统筹安排，切实抓好班子、带好队伍、干好事业。要学会"弹钢琴"，着力推动职能转变、改进管理方式、提高服务质量，充分保障用人单位自主权和尊重人才主体性，推动人才管理向服务型转变。

以开阔的胸襟接纳尽量多的人。《呻吟语》有言："为人上者，最怕器局小，见识俗。"器局小，就不能容才聚才；见识俗，就不能知人善任。历史和现实都表明，聚才纳才之路畅通，各类人才就接踵而至，党和人民的事业就兴旺发达。作为领导干部，一定要有求贤若渴的诚意，有甘为人梯、甘当肩膀、甘作绿叶的境界，千方百计为党和人民的事业聚集人才。要树立以用为本的理念，以爱才惜才之心，给德才兼备者压担子，给实绩突出者搭台子，给群众公认者铺路子，让全社会的创新创造潜力能够如清泉出涧、奔流不息。要有容人之短、容人之过、容人之长的雅量和胸襟，虚怀若谷、以诚聚贤，逢贤必纳、遇才必用，真正实现聚天下英才而用之。要尊重人才成长规律，把有个性的人才看成是难得的财富，倍加珍惜，对人才要经常接触、多包容、勤关怀，尊重个性、支持创新，切莫以"小肚鸡肠"对人才的细小不足耿耿于怀、斤斤计较。

"为官择人者治，为人择官者乱。"习近平总书记强调："坚持事业为上，以事择人、人岗相适。"正确用人是成事之资，错误用人是败事之源。领导干部要把事业需要、岗位要求与促进干部成长、调动各方面积极性有机结合起来，科学合理地使用干部，事业需要什么人就配什么人、岗位缺什么人就补什么人，把最合适的人放到最合适的岗位，做到以事择人、依岗选人、人岗相适。要统筹考虑事业发展与干部成长两个关键性因素，人随事转、以事为先，既不能脱离实际需要将不同类型的干部简单通用，也不能为改善结构而影响班子整体功能，更不能把岗位作为对干部的奖励，不因人设岗，不搞论资排辈、平衡照顾、将就凑合。要激发人才潜能，既要善于保持"快牛"的积极性，又要善于激发"慢牛"的主动性，形成"九牛爬坡，个个出力"的良好局面，真正汇聚干事创业的强大正能量。在实际工作中，有的干部擅长经济工作，有的干部善做群众工作，有的干部长于通观全局，有的干部则专于具体事务。要善于用其所专，提高人岗相适度和专业匹配度，避免把"专科大夫"当成"全科大夫"。要克服论资排辈、封闭循环，能上不能下、能进不能出等陈旧落后用人观念，让那些存有"轮也能轮得到我"念头的干部没有"市场"。

"言过其实，不可大用。"意思是说话浮夸，超过实际能力的人，不可委以重任。它出自《三国志》："先主临薨，谓亮曰：'马谡言过其实，不可大用，君其察之。'"言过其实的背后是能力低虚。重用这样的人，轻则事业受损，重则国家受害。看干部不仅要听他们说了什么、怎么说的，更要看他们做了什么、怎么做的、做成什么。领导干部要练就辨德识才的"火眼金睛"，不被巧言令色者蒙蔽，不让投机钻营者得利。早在延安时期，毛泽东同志就要求全党同志要"当老实人，讲老实话，做老实事"。思想务实、生活朴实、作风扎实的老实人，是一个单位、一个地方乃至一个国家的脊梁。重用"讷于言而敏于行"的实干家，重罚言过其实的"吹牛派"，久而久之，说大话就会没有"市场"，说真话便会蔚然成风。要按照德才兼备、注重实绩、群众公认的原则选人用人，重视关心那些一心干事、不事张扬、实绩突出的老实人，引导各级干部扑下身子、埋头苦干、求真务实、狠抓落实，积极创造经得起实践、人民和历史检验的政绩。

重能忘德,必有灾殃。东汉哲学家王符说:"德不称其任,其祸必酷;能不称其位,其殃必大。"意思是人的德行要同他所在的地位相匹配,否则也会招致灾祸。为人需要品德,从政需要官德,丢掉了为政之德,失去了从政良知,就肯定会犯错跌跤,走向违法犯罪的深渊。有才无德,断不可用。"君子挟才以为善,小人挟才以为恶。"有德之人再配以才,可以干出大好事;而无德之人有了才,反而会干出绝顶的坏事,成为大奸大恶。选拔任用干部要把德才作为一个整体来把握,如果重才轻德,不仅会造成用人失误,还会给党和人民的事业带来危害和损失。要坚持把干部的德放在首要位置,选拔任用那些政治坚定、有真才实学、实绩突出的干部,形成以德修身、以德服众、以德领才、以德润才、德才兼备的用人导向。一个领导干部如果品德不合格、不过硬、靠不住,能耐再大也不能用,尤其是政治品德不过关必须一票否决。

见贤思齐,群贤毕至。水不激不跃,人不激不奋。用什么人、不用什么人,是对干部最有效、最直接的激励和鞭策,用好一个干部,就是树起一面旗帜,可以激励更多的干部奋发向上;用错一个干部,就会导致"一人提拔,众人心寒",挫伤许多干部的积极性和事业心。领导干部要以身作则、弘扬正气,模范地执行党的纪律,贯彻干部选拔任用条例,以好的作风选人,选作风好的人,克服由少数人选人、在少数人中选人的弊端,做到"众恶之,必察焉;众好之,必察焉"。要坚持全面、历史、辩证地辨德识才,以"瞻山识璞、临川知珠"的识人慧眼,"劝君参透短长理,自有人才涌似云"的用人之道,"众里寻他千百度"的爱才之心,"铁肩担道义"的忠诚公道,精准识人、知人善任。要切实把敢于负责、勇于担当、善于作为、实绩突出的干部用起来。要进一步完善干部考核评价机制,创新方式、健全制度、强化运用,解决干与不干一个样、干多干少一个样、干好干坏一个样的问题,让那些做样子、混日子、要位子的"官油子"失势失利。

不要亲此疏彼。坚持任人唯贤，反对任人唯亲。大凡有识之士，在选人用人上，多能秉持公心、"不敢借此以市恩"、自励自勉。我们党历来高度重视选人用人导向问题，坚持德才兼备、以德为先。习近平总书记指出："党内决不能搞封建依附那一套，决不能搞小山头、小圈子、小团伙那一套，决不能搞门客、门宦、门附那一套，搞这种东西总有一天会出事！"作为党的领导干部，只有对党和人民事业无限忠诚，才能对人才产生深厚的感情和真挚的爱心。存知人公心，去门户之见。要增强辩证思维，用理性的眼光辩证地看待每一个干部，不用感性、绝对的眼光看待干部。识人要以公心听公论，用人当以公心求公平，以一个标准立杆，拿一把尺子衡量，对人"一碗水端平"，才能守正纠偏、赢得公信。要不徇私情、不谋私利、不结私党，严格按原则办事、按制度办事、按程序办事，把党和人民需要的好干部选出来、用起来，把各方面、各领域、各行业、各层级的优秀人才凝聚起来，营造海晏河清的政治生态。

领导管理之技巧

管理者不仅需要高屋建瓴的能力,还需要懂得处理日常问题的技巧。对于每一位领导干部来说,如果能够掌握管理的技巧,就能在管理过程中少走一些弯路、提高办事效率,让管理工作得心应手。

赏罚要适度,该宽则宽,该严则严。赏与罚是领导工作的重要方式,是管理队伍、提高工作效率的重要手段和工作方法。但赏罚工作,并非赏得越多越好,也并非罚得越重越好,什么事情都有个"度"。无赏无罚,"圣人无以为治",干多干少一个样,干与不干一个样,不仅下属没激情无动力,还可能管理失控;奖赏过多过频,反而减弱工作对下属的吸引力,丧失积极性和工作热情激情;惩罚过多过严,会造成下属怕出错,畏首畏尾,不敢放手工作,不利于事业发展。领导干部只有把握好宽与严之间的界限,把握好"度",既不能过宽,也不能过严,既要形成一定的压力,又要使下属不过于紧张,才能更有效地发挥奖惩制度作用,达到预期效果。

纪律严明是自由主义的克星。自由主义实质上是西方个人主义的错误价值观,是机会主义的一种表现。自由主义与纪律规矩相对立,纪律松弛则自由主义蔓延。习近平总书记不止一次批评自由主义,也多次专门强调纪律问题,他强调:"纪律严明是全党统一意志、统一行动、步调一致前进的重要保障。"领导干部必须严明纪律规矩，旗帜鲜明地反对自由主义，牢固树立党章党规党纪意识，自觉加强党性锤炼和思想修养，加强党规党纪学习，做纪律和规矩的"明白人"，懂得哪些事能做、哪些事不能做，切实坚定政治信念，站稳政治立场，保持政治忠诚。

善于用目标激励行动。目标激励是指通过制定切实可行的目标，激励人们奋发工作，不断取得进步。领导干部要有效调动下属的工作积极性，必须科学设定目标，坚持目标导向，以目标团结队伍、凝聚力量。在具体应用中要结合所在地方单位实际，确立科学可行的奋斗目标，既要立足当前，确立近期目标，又要立足长远，确立长期目标，使干部群众把个人行为与工作目标紧密结合起来。要积极创造实现目标的环境条件，保障物质基础，做好精神鼓励，激发干部群众为目标积极作为、不懈奋斗。

关心是最有效的管理。管理工作，只有坚持以人为本，才能调动和激发人的积极性和创造性。关心也是一种管理，领导干部要善于把关心关爱下属作为团结人、凝聚人的重要方法之一。上下级之间不应只是冷冰冰的命令与执行的关系，要懂得关心、关爱、尊重下属，经常与下属谈心谈话，了解下属所急所思所盼，合法满足下属合理诉求。要经常换位思考，站在下属的角度去审视个人言行，体谅、理解、包容、信任下属。要走进基层、走近下属，成为可亲可敬、让人舒服的领导。要不失原则要求，不拿原则换人情、不拿原则做交易，始终坚持原则、守住底线。

不会授权就不会管理。现代管理学认为，授权是指上级把自己的部分职权授予下属，使下属拥有相当的自主权和行动权，在一定的权责范围内工作，同时上级对下属的工作结果承担最终责任。懂管理、高明的领导者，并不是要事必躬亲，而要善于协调各方、合理授权，调动下级做好工作。所以领导干部要合理授权，"大权独揽""小权分散"，根据工作需要、下属能力水平，授予下级一定程度的管理权限和自主权，使其更积极有效地完成任务。信任不是放手不管，授予了权力，还要给予下属方向性、原则性、思路性指导，当遇到困难时，要给予必要的协助，时时监督，帮助下级矫正纠偏。

不会量化就无法管理。量化是指将一定的工作目标任务按照需要完成的时限、标准、质量等进行数量化的工作方法，也就是将工作具体化、项目化、工程化的过程。管理工作是庞杂的系统工程，如果不懂量化，就可能失去方向、一团乱麻。因此，领导干部要长计划、短安排，着眼明天、着眼长远，既制定大目标，又制定小目标，既制定长期目标，又制定阶段性目标，把工作任务细化到每月、每周、每天，确保可控可管。要坚持项目化思维，明确工作时限、质量标准、责任内容，对每个阶段要干什么、怎么干、干到什么程度，分时间、分步骤绘制科学的"施工图"，确保工作分工清、责任清，目标明、措施明。

不能管理时间，便什么也不能驾驭。任何一项工作都有时间限制，如果没能在规定的时间节点办成，工作也就失去了意义，至少也打了折扣。从事领导工作，只有抓住了"黄金时间"，才能抢占先机、掌握工作主动权。所以领导干部要树立时间意识，用科学的时间观指挥行动，做一个守时、尊时的人。在实际工作中，领导干部要有效管理时间，科学地安排时间，把要干什么、该干什么规划到一年、一月、一周、一天，合理分配学习、工作、会议和休息时间，通过排出时间表和任务图，有效把控工作节奏。要讲究效率，把大部分时间和精力用在关键事、关键处上，集中时间和精力解决主要矛盾、核心问题，最大限度减少工作环节的无效重复。

理直也要气和，义正还须词缓。在现实生活中，面对原则性问题我们应当做到理直气壮、义正词严，但在平常性的工作中，理由再正当、再充足，若能做到豁达包容、心平气和地说话待人，反而体现出君子之风、包容情怀，更让人心悦诚服。对于领导干部来说更是如此，说话办事必须坚持原则、理由充分，但不能以势压人、得理不饶人。特别是遇到同事、下属、群众不理解、不接受自己的正确意见或曲解自己的正确主张时，要能宽容大度。在宽容的同时也要坚持原则，一旦牵涉大是大非问题，决不能含糊其词、退避三舍，该挺身而出时就要勇敢地站出来。

一次雪中送炭，胜过十次锦上添花。帮人帮在困难处，好事做在关键时。领导干部的工作事关民生福祉，必须准确了解把握到底什么人该帮、什么时候要帮，精准施策、靶向用力，把大部分资源留给最需要的地方，切实让帮扶资源发挥最大效用。在工作中，领导干部要树立正确政绩观，紧紧围绕人民群众最需要、最切身的利益谋划和推进工作，时刻把群众的冷暖放在心上，多做雪中送炭的事，不搞劳民伤财的政绩工程，为群众解决实际困难。要树立问题导向，深入群众、深入基层，体察民情、关注民生、了解民意，准确掌握什么是群众需要、雪中送炭的事，什么是无关大局、锦上添花的事。

闻过则喜，才能从谏如流。要让干部群众敢于在自己面前指出过失错误，就必须具备闻过则喜的雅量。1978年9月，广东惠州地区检察院麦子灿给时任省委第二书记的习仲勋写了一封批评信，信里从头到尾充满了尖锐、尖酸的批评言辞。但习仲勋在省革委会上自曝来信，他说："这封信写得好，还可以写得重一点。下面干部敢讲话，这是一种好风气，应当受到支持和鼓励。不要怕听刺耳的话，写信的同志相信我不会打击报复他，这是对我们的信任。"闻过则喜、闻过则改是一种基本的党性追求、一种民主的工作方法。领导干部都应当努力学习践行，多听"骂声"才会赢得干部群众的掌声。在实际工作中，领导干部要愿听，坚持问政于民、问需于民、问计于民，既听顺耳好话，也听逆耳之言，涵养闻过则喜的情怀，广开言路、广纳真言。要乐听，坚持礼贤下士、不耻下问，让虚心公听蔚然成风，听取大量"沾泥土""带露珠""冒热气"

的鲜活情况。要善听，增强政治敏锐性和鉴别力，用辩证唯物主义的观点去看待各种意见建议，不断研究、分析、比对，辨别出什么是良药，什么是忠言，进而作出正确的判断。

共识是奋进的动力。习近平总书记强调，人心是最大的政治，共识是奋进的动力。一百多年来，我们党能克服重重困难，破解层层危机，从胜利走向胜利，从成功迈向成功，最大的优势是人心所向，最强的力量是人民的力量。在新时代，改革发展稳定形势任务越复杂，各种风险挑战越艰巨，就越需要汇聚人心、凝聚共识。领导干部要善于寻求最大发展共识，方能汇聚共同奋进的强大伟力。要善于凝聚共识，坚持和贯彻落实好党的民主集中制，充分发扬民主，聆听不同声音，在思辨中想办法、定思路。要善于求同存异，尊重人、理解人，不纠结小问题，争取在大的方面或原则问题上形成共识。

正风必须肃纪。没有扎实过硬的作风，再好的蓝图也会落空。整治作风问题，就得从严肃纪律入手，纪律严明才能作风优良。在严明纪律的路上，领导干部要抓"常"，形成党的纪律规矩建设常态化机制，把日常教育管理监督作为重中之重，加强纪律教育，强化纪律执行，让领导干部知敬畏、存戒惧、守底线，习惯在受监督和约束的环境中工作生活。要抓"长"，坚定不移、坚持不懈保持战略定力，不"喘口气"、不"歇歇脚"，保持永远在路上的坚韧和执着。要抓"严"，坚持严字当头、真管真严，坚持无禁区、全覆盖、零容忍，坚持重遏制、强高压、长震慑，紧盯重点人、重点事，以猛药去疴的决心严厉惩处违纪违规问题。

"上无常操，下必多疑。"无常操者，朝三暮四、朝令夕改、反复无常。这样的人最不可靠、不可信。《尚书》有言："政贵有恒。"大意是为政贵在长久，反对朝令夕改、瞎折腾。领导干部要有定力，不管做什么事，只要方向确定了、目标明确了，就要坚定立场、坚强意志、坚决行动，时刻保持头脑清醒，排除外界因素干扰，不在细枝末节、鸡毛蒜皮的小事上纠缠不清。要有耐力，对看准了的事，就要一抓到底，再难再苦也要敢于坚持，决不能遇到挫折就怀疑、就否定、就改主意，或被别人的主意左右。以果断的决心遏制消极力量的滋生。对一个人而言，消极力量主要有意志消沉、情绪低落、悲观丧气、不思进取、愤世嫉俗、认识偏颇、作风飘浮、私欲膨胀等表现。领导干部必须自觉抵制自身消极力量的滋生蔓延，真正成为良好党风、政风、民风的引领者。要坚信，任何消极负面力量都是"纸老虎"，只要对其较真劲，必然使其瓦解。要坚决果断，发扬自我革命精神，打扫思想"灰尘"，增强"免疫力"。要持之以恒、持续用力，让检视分析、清理整改成为常态，有效防止消极力量再反弹、再滋生。

领导交往之原则

荀子曰："人生不能无群。"领导干部作为社会生活中的人，自然也不例外，其工作岗位、社会地位决定了他们的交往活动会更多一些。那么，领导干部应该根据哪些原则与各阶层、各群体打好交道？

沟通与协作是共赢的关键。要实现共赢，必须通过充分有效的沟通和彼此之间的协作来实现。"言能听，道乃进。"倾听是最有效的沟通。医生和患者、老师和学生、领导和下属等都需要相互倾听。倾听是对倾诉者的一种充分尊重，是获取信息的一条重要渠道，更是建立和保持良好关系的前提。领导干部只有认真听取并吸纳各方意见，做到兼听则明，才能急他人之所急，明他人之所难，更好解决问题。人心齐，泰山移。协作既是信息的交流、力量的汇合，也是情感的共鸣，只有怀着发自内心的真情实感往一处想，才能攻坚克难。要相互尊重、以诚相待，把别人放到与自己平等的位置上，实事求是、推心置腹，打牢协作的思想基础；要换位思考，站在对方的位置和立场上思考问题，真正找到协作的共同点和出发点；要从党的事业和工作大局的高度出发，强化团队意识，做到互相信任、相互支持，凝聚协作的强大动力。

善疏则通，能导必安。无论是面对社会矛盾，还是面对思想波动，都要善于疏导。痛则不通，通则不痛。面对干部群众的合理诉求和困难，只有找到"痛点",结合实际耐心细致地沟通情况、增进了解、做好工作,取得理解和支持,有针对性地引导,才能使下属、同事、群众心平气顺。同样,只有把一个国家的体制机制理顺,使其畅通,才能实现社会井然有序、事业稳步推进、人民安定和谐。领导既要能"领",也要能"导"。疏导各方面关系,在改革发展稳定各项工作中要能发挥"头雁效应",带领大家团结一致努力奋斗,是领导干部的重要工作。要时刻注重各方面的情绪和诉求,在日常工作中关注同事、下属的心理和思想动态,加强谈心、交流和思想疏导,积极营造团结干事、快乐工作的良好氛围。要与群众打成一片,认真关注群众关切的问题,解决群众遇到的实际困难,把问题敞开,听群众说话,及时做好思想疏导,把问题解决在萌芽状态。

尽可能对人谦让一点。在不涉及原则底线的基础上,尽可能对别人谦让,就是君子之风、大将之风。谦让是一种修养,能让领导干部随时保持亲和力,克制自己、礼让他人,提升凝聚力、号召力。后退一步也是一种智慧,更是一种修养,并非所有的事只有针锋相对一种解决办法。适当的后退,能够从不同角度考虑问题,会让心胸更宽广,思路更广阔,在谦让中得到更大的天地。在日常群众工作中,要处处体现"让"的理念,彰显"让"的要求,自觉摆正自己的位置,以百姓利益为重,以百姓之心为心,处处为人民着想,事事同人民商量,绝不能与民争利。

宽容待人赢得信任。宽容待人体现的是一种胸襟和气度,能使他人感到温暖,也是赢得信任的必要前提之一。面对失误时,给别人一分宽容,别人会报以百倍信任。曹操在官渡之战中击败袁绍后,发现了下属与袁绍私通的信件,随即命人全部烧掉,并说:"袁绍兵力远胜于我,连我自己都觉得不能自保,更何况是他们。"这一宽容待人的举动深深赢得了所有将领的信任,极大地提振了士气。"水至清则无鱼,人至察则无徒。"人与人之间的交往,有时候分得太清楚,锱铢必较,那就无味之极了。一些小的失误、无伤大雅的玩笑、善意的谎言,只是人生路上的插曲,抑或是生活的点缀,没有宽容之心,一味指责埋怨只会让人心生忌惮,导致双方渐行渐远。作为领导干部,要能够接纳各种不同性格的人,团结一切可以团结的力量,对优秀的人不能妒忌打击,对他人的短处要有所包容,对他人的过错要公正看待。作决策要有闻过则喜的胸襟和气度,听得进去反对的声音,有则改之、无则加勉,对于带刺的话甚至讽刺之词,要顾全大局,学会隐忍;对一些无关大局的小事不必计较;对那些革新性、首创性的事,要宽容失败。

不耻下问,博采众长。不耻下问意为向地位、学问不如自己的人请教而不感到丢面子,博采众长意为广泛吸收采纳众人的长处及各方面的优点。不耻下问和博采众长都是讲谦恭的学习心态。学习本身没有任何可耻之处,关键在于你如何看待自己、如何对待学习。孔子曰:"三人行,必有我师焉。择其善者而从之,其不善者而改之。"古往今来,凡是成就大事业者,无不是主动向他人学习,取其精华、去其糟粕。问计于下者,常得上策。我国的农村改革从安徽凤阳"大包干"开始,企业改革从福建企业要求松绑开始,市场调节从集贸市场开始。基层和群众蕴藏着极大的改革动力和创新智慧,社会生活中存在的突出问题,人民群众看得最清楚、感受最深。所以没有求知的渴望,没有放下架子、甘当小学生的精神,事情是一定做不好的。

旁敲侧击也是一门艺术。在人际交往中,说话太过直白,容易伤害到别人的自尊心,起不到应有的作用,反而有时说话"拐个弯",既保全别人的面子,也达到了交流的效果。口无遮拦,有时尽管是一片好意,但也会在不经意间伤人心。"子好直言,必及于难。"直率直言是坦诚的表现,但是要分场合和语境。言论自由无可厚非,但是只要言论有对象,自由便有了尺度。掌握说话的艺术,善谈弦外之音。说话是要讲究技巧的,也是一门艺术。要把握说话的度,善于以"弦外之音"暗示对方的错误，避免让对方下不来台，将事情弄僵。有时，在某些特定的场合，通过话里藏话、曲言传意、话藏机锋、旁敲侧击的方式与别人沟通，传达言外之意，往往会取得令人满意的效果。

不忍辱，岂能负重。忍辱负重意为只有忍受暂时的屈辱，才能担负重任。自古以来，能忍受一时屈辱后奋起，成就一番事业的故事比比皆是。越王勾践卧薪尝胆，终灭吴国；司马迁能忍宫刑之辱，终著成"史家之绝唱"。忍辱并不是懦夫，而是为了心中的远大目标，忍人之不能忍，是一种理性的以柔克刚、以退为进的处事方式。小不忍则乱大谋。领导干部做人做事都必须以大局为重，把眼光放长远，为了更大的目标、更大的大局、更长远的利益，暂时收起自己的那些"血气方刚"，懂得取舍，才能义无反顾、勇往直前。沉住气方能成大器。做人为官都要经常面对挫折、面对逆境，这就要求我们砥砺意志品质、强定力、增韧性、稳得住。领导干部面对工作中的大事要事急事难事，来不得半点浮躁、急躁，要成大事必须要沉住气，练就强大内心，保持乐观豁达、积极向上的心态，努力克制自己的愤怒、焦虑、烦躁情绪，把目光放远些，把得失看轻些，遇到问题冷静处之，走出误解区。当然，忍辱并非无原则地退让，当遇到原则问题时，要旗帜鲜明地进行斗争。

成人之美，不成人之恶。孔子把"成人之美，不成人之恶"作为界定君子的一条重要标准，这也是孔子提倡的一条重要的为人原则，它是一种气度、一种胸怀、一种风范。大气包容的态度、磊落不凡的气度、风度翩翩的姿态，不仅适用于不同类型的文化文明之间的交流，也适用于人与人之间的交往。我们要先发现自身之美，然后学会欣赏他人之美，再到互相欣赏、赞美，最后达到一致和融合。特别是领导干部，要乐于给别人"做嫁衣"，学会以美人之美，对待别人取得的成绩，要发自真心地喝彩；对待年轻干部，要善于看到其发展潜力、成长空间，"扶上马，送一程"；对待同事，要善于看到其长处和优点，甘为人梯、相互支持。

在成人之美的过程中，终将成就自己。领导干部的事业不是个人的事业，而是党和人民的事业，只有帮助人民实现美好生活，帮助当地企业实现高质量发展，人民群众的"幸福指数"和当地经济的"发展指数"终将变成自己的"成就指数"。

诚恳的批评是友爱的厚礼。正所谓"金无足赤、人无完人"，老百姓也好，领导干部也罢，都会有缺点，都有可能犯错误，这并不可怕，可怕的是不知道自己的缺点在哪、错误在哪。诚恳的批评是提醒、是警示、是良药，是对工作、对自己、对同志的关爱和负责，可以帮助他人走出"知人易、自知难"的困境。要敢讲带"刺"的话。花柔和、芳香，闻着神清气爽；刺坚硬、锐利，一不小心会伤人伤己。所以有的人奉行"多栽花少栽刺"的处世哲学。但作为领导干部，如果遇到矛盾不敢说，看到问题不想说，搞无原则的一团和气，会耽误同志、贻误事业。要以诚恳的态度、善意的动机，以对事业负责、对同志负责的责任感，咬耳扯袖，提醒警醒，把问题消灭在萌芽状态。也要注意场合，讲究方式方法，把握好度，做到动机与效果和谐统一。要闻过则喜，从谏如流。在现实生活中，批评比赞扬难开口，批评也比赞扬难接受。但如果缺乏"闻过而喜"的胸襟，没有"知过不讳"的勇气，甚至"讳疾忌医"，不会听到真话、实话。

既要热心热情，也要原则理性。对待别人要热情开朗，干事创业要激情满满；但是内心要随时保持理智、明辨是非，作出理性决定。要有热心热情。和谐的人际关系少不了热情地待人接物。在人际交往中，没有人希望自己遭遇冷落。冷漠不但会疏远人和人之间的距离，甚至会在人与人之间砌起一堵无法翻越的"墙"，而热情使人更有亲和力，更有感染力，可以带动人、影响人。要如暖阳煦风、润物细雨一般温暖群众的心、同事的心，拉近党和人民群众间的距离，赢得人民的信任。要讲原则理性。领导干部的人际交往离不开感情、人情，更离不开原则、理性。

讲人情不能违背理智违反原则，不能因为讲人情就不讲党性修养，要始终在人情与原则的天平上站稳立场、守住底线，在重大问题、原则问题上，头脑要特别冷静、眼睛要特别明亮、立场要特别坚定，决不能让步。

心存善意得人心。中国传统文化历来推崇"善"，为人处世讲究与人为善、以善为美，对己主张独善其身、善心常驻。善良是内心深处最美的东西，是全世界通用的语言，也最能打动人心。对领导干部来说，最持久的领导力来自于人格的力量，而在其中起主导作用的就是心存善意，时时处处为他人着想，关心他人的冷暖，乐于倾听意见建议，帮助解决困难问题，从而赢得信赖、赢得尊重、赢得拥护。与人为善，于己为善。善良既是一种优良品行，也是一种精神力量，更是一种智慧远见。把善良带给他人，他人也会以同样的善良回报。领导干部最大的善，就是善待人民。为官一任，就要造福一方；手握公权，就要为民办事。一个好党员、好干部，首先必须是一个有善良之心、富于同情心的好人，才会更多地关注民生疾苦，体察群众难处。要始终秉持"但愿苍生俱饱暖，不辞辛苦出山林"的担当，真正把人民群众当成自己的衣食父母，以百姓之心为心，一心为民干实事，把一件件小事办成了，人民受益了，面貌改变了，自然就会得到群众的认可和支持。

领导威信之源泉

作为领导者,要有效地实现领导功能,不仅要有权力,更要有威信。威信是领导者在领导活动中表现出来的品格、才能、学识、情感等对被领导群体所产生的一种非权力影响力。人们常常把领导者的威信视为"无言的号召,无声的命令",领导者威信越高,对下属的影响力和吸引力越大,向心力也越强,领导的效能就越突出。那么领导干部应该如何树立自己的威信呢?

领导者立信则立威。人无信则不立,业无信则不兴,国无信则不强。诚信是推动事业发展、赢得人民拥护的重要法宝。商鞅"徙木立信"树立了秦国变法的权威,曹操"割发代首"维护了自己的法令。新时代的领导干部要始终传承和弘扬诚实守信的传统美德,自觉树立知信、守信、用信的行为习惯,把讲信用体现在敬业奉献的实际行动中。要多攻改革之坚、多谋民生之利、多解民生之忧,让老百姓切实感受到发展变化,以实干立信;把群众当亲人和老师,密切干群关系,消除干群隔膜,以亲民立信;克服自己的私心杂念,公道待人、依法办事,以公正立信;发扬艰苦奋斗的优良传统,抵得住诱惑、守得住清贫,真正做到廉洁自律、洁身自好,以廉洁立信;着力提高个人素质、工作水平、领导能力,以才干立信。

上不严，下必怠。领导干部一言一行、一举一动都会成为一个地方、一个单位的风向标，好的示范能潜移默化地感染和带动广大干部群众见贤思齐；反之，不仅损害自身形象，还会影响党风政风民风。当好干部就必须严格要求自己，潜移默化地感染和带动群众。要多行不言之教，自觉做到干字当头、实字打底，面对工作敢说"跟我来"、面对纪律敢讲"跟我学"、面对危机敢喊"跟我上"，变指派命令为行为感召，充分凝聚想干事、敢干事、会干事、干成事的正能量。失之于宽，得之于严。严格管理是对干部负责任，也是对干部最大的关爱。以上率下严格执行制度，可以确保制度成为硬约束、硬杠杠，而不是"橡皮筋""软弹簧"。要重视制度建设、健全制度机制，更要强化监督检查、问责问效，推动制度的有效执行，让制度"上墙"又"上心"。

把舵的不慌，乘船的稳当。俗话说："船重千钧，掌舵一人。"一名优秀舵手，对航道、气象、安全、轮船补给等谙熟于心，遇事正确判断、果断处置，就能确保航船安稳前行，也才能让乘船人心里踏实。作为领导干部要责无旁贷承担起"掌舵人"的艰巨使命，从容应对各种复杂环境，带领干部群众乘风破浪、蓄力前行，开往更加辉煌的彼岸。当前，世界正处于百年未有之大变局，我国发展面临的内外部形势更加错综复杂。形势越复杂，信心越珍贵，拨云见日的能力越重要。领导干部既要看到矛盾、困难、问题、挑战和危机的一面，更要看到希望、光明和有前景的一面。要迎难而上、攻坚克难、信心为要、奋斗为先，始终增强"四个意识"、坚定"四个自信"、做到"两个维护"，把握机遇之"时"、时代之"势"，毫无畏惧面对一切困难和挑战，坚定不移开辟新天地、创造新奇迹。

公罪不可无，私罪不可有。北宋著名政治家范仲淹说："宁鸣而死，不默而生。"为官做事，坚持原则，出于公心，以至于得罪他人，就是"公罪"。在其位必须谋其政，即使蒙受"公罪"也不足惜；但为一己之私损害国家和人民利益的"私罪"万不可有。习近平总书记指出，不得罪成百上千的腐败分子，就要得罪14亿多人民。领导干部有了担当，有了责任感，才会有大无畏的精神，才能不怕得罪上级，不怕受罪，义无反顾地坚持原则。选择了做人民的公仆、大众的"长工"，就是选择了从严律己、从实为民，应该对"为官不为"感到羞耻。领导干部要一心为公，全心全意为人民服务，凡事应以原则为先，然后再讲策略，不搞平衡圆滑，不"和稀泥"，不当"老好人"，才能无愧于组织、无愧于人民。

有公心，必有公道。中国传统文化十分推崇"公"，领导干部是人民公仆，本质也是"公"，天职就是为公履职、为民请命。公器决不私用，领导干部要"厉其公义，塞其私心"，做到不以个人好恶为标准，不让亲疏关系为羁绊，坚持原则与纪律，做到不分亲疏、一视同仁，全心全意为人民服务，让发展成果惠及人民，增进人民福祉。要坚持"不以公事而售私恩"，坚持"一把尺子量到底"，不厚此薄彼，不以私废公，真正把权力用到该用的地方。在实现中华民族伟大复兴的进程中，领导干部若能做到"公其心"则必然"万善出"，做到心善、心宽、心正、心静、心怡、心安、心诚，必然能仰无愧于天、俯无愧于地、行无愧于人、止无愧于心。

人心如秤，民意如镜。重视人心、关注民意是我国历代统治者维护政权稳定的必由之路和不二法门。我们党取得革命、建设和改革的伟大胜利，也正是坚守了群众路线这个法宝。领导干部要把人民拥护不拥护、人民赞成不赞成、人民高兴不高兴、人民答应不答应作为全党想事情、做工作的一个根本衡量尺度，"百姓说好、背后说好、任后说好"才是领导干部最高的荣誉。要牢固树立全心全意为人民服务的宗旨意识，深入细致地听取老百姓的意见，始终对人民群众怀有敬畏心，把人民放在心中最高位置。要把人民群众对美好生活的向往，作为工作的指挥棒和方向标，矢志不渝地为增强人民获得感、幸福感、安全感而努力奋斗。

习近平总书记强调："我们国家的名称，我们各级国家机关的名称，都冠以'人民'的称号，这是我们对中国社会主义政权的基本定位。"领导干部切不可忘记人民之托，在位一天，"赶考"一天，奉献一天。

成绩荣誉不独揽，失误责任多承担。《菜根谭》中言："完名美节，不宜独任，分些与人，可以远害全身；辱行污名，不宜全推，引些归己，可以韬光养德。"这段话告诫人们，有成绩要多归功于他人，有错误要多归咎于自己，这样一来别人才会不争、不怨。推功得民心，揽过安天下。推功揽过既是一门领导艺术，也是一门管理学问。要坚持"有了困难一起上，赢得荣誉大家享，出现问题我来扛"，干出成绩分与众人、共同激励，让大家一起进步，出现过失敢于担当、鼎力扶持，为他人打气鼓劲。领导干部如果有了成绩就归于自己，自诩"劳苦功高"，出现错误就推给别人，解释"毫不知情"，长此以往终会落个众叛亲离、兵离将别、孤家寡人的下场。真正的功劳是自己推不掉、别人抢不走的，所以领导干部搭班子、干事业要有"谦居人后"的觉悟和"功成不居"的雅量，要有"善则称人，过则称己"的精神，严于律己、宽容待人。

共赢才能实现共享。放眼未来，社会发展进步大潮滚滚向前，只顾自己的利益是走不长远的，共赢共享才是生存的根本。"合则两利，斗则俱伤。"实践证明，无论是国家之间、党派之间，还是个人之间，合作总能共赢，对抗总是全输。领导干部要深刻领会"合作共赢"的本质，明白大家好才是真的好、大家赢才是真的赢。要学会理解尊重、互促提高、共同进步，在和周遭的人发生矛盾时，也要积极调整心态，避免无效的冲突，学会"以对话取代对抗、以合作取代争斗、以双赢取代零和"，做到思想上合心、行动上合拍、工作上合力。"共享"已成为我们倡导和坚持的新发展理念之一，领导干部要学会公事"共做"、职责"共担"、任务"共分"、精力"共付"，更要学会业绩"共有"、权力"共握"、资源"共占"、利益"共享"。

大事讲原则，小事讲风格。所谓大事就是关乎大多数人、社会整体和国家利益的事；所谓小事就是涉及个人的名誉、地位、金钱、权力的事。做人要方，处事要圆。人活一辈子无非是两件事——做人和处事。做人要有原则、有主张，有骨气、有个性，不被外人左右、不被外界迷惑，对违反党的原则、损害人民群众利益的事坚决不做。做事要思虑周全，在进退之间掌握好方向、把握好分寸，游刃有余地做到原则性和灵活性的统一。原则不放，小事可让。对事关全局的大事，涉及党和国家整体利益的大问题，要敢于坚持、敢于斗争，不能有半点含糊，但对那些无关主旨、无碍大局的次要问题、枝节问题、局部问题、具体问题，就不必过于认真，不必非争个你高我低。要善于分清主次、轻重，看淡名利，看透得失，将主要精力放在抓大事上，保证大事的落实。

不丢真情怀，要有真德行。人们常说："人若无情，何以为人？"古人也说："德之不厚，行之不远。"人生在世，固然会人难做、事难为，但做人的根本是不能抛弃的。新时代的领导干部，在带领人民群众干事创业过程中，只有不丢真情怀、真德行，才能"为官有为"。邓小平同志曾说："我是中国人民的儿子，我深情地爱着我的祖国和人民。"正是本着这份情怀，邓小平同志以非凡的智慧和坚强的意志带领中国人民走上改革开放之路。领导干部要有家国情怀、民族情怀、人民情怀，发自真心地感恩党和人民，把个人命运与国家命运维系在一起，将个人的成长与党的事业紧密联系在一起。《论语》中说："为政以德，譬如北辰。居其所而众星共之。"自古为官，德尊首位，我们党在选人用人上也历来坚持德才兼备、以德为先。新时代领导干部要立政德，就要明大德、守公德、严私德，筑牢理想信念、锤炼坚强党性，恪守立党为公、执政为民理念，严格约束自己的操守和行为，戒贪止欲、克己奉公。

要培养容人的雅量、宽广的胸怀。心有多大，世界就有多大。气量决定了一个人发展的"天花板"，决定了其事业成就的高度。如果心胸狭窄、视野短浅就会错过甚至失去很多。领导干部目光一定要放远，在任何时候、任何情况下，都要把党的利益、群众利益放在首位，磊落坦荡、光明正大，撑起"容短纠错"的肚量，树立"开门纳谏"的态度，涵养"闻过则喜"的胸怀，培养"知错能改"的意识，容人容言容事。"宰相肚里能撑船，将军额头能跑马。"人非圣贤，孰能无过。特别是从事革新性、首创性工作的人，更容易犯错。领导干部要能容人之长，不心生嫉妒；要能容人之短，不责备求全；要能容人之异，不以偏概全；要能容人之过，不动辄发怒。对偶尔出现的失误乃至错误，不能"一棍子打死"令其"永不翻身"，该放手时要放手。日常工作中，磕磕碰碰在所难免。但若是逞一时之快，不顾大局、不顾后果，说出带情绪的话，做出不理智的事，必然酿成无法挽回的损失。领导干部要学会忍一句、息一怒、让一步、少一事，把伤害降低，把矛盾化解，最终大事化小，小事化无，息事宁人。

领导魅力之塑造

领导魅力是领导者素质能力的构成元素和品格操守的直接体现。领导干部具有领导魅力,才能更好地发挥模范带头作用,不断增强影响力、号召力、凝聚力和创造力,让群众心悦诚服地团结在他的周围。那么,领导魅力从哪里来呢?

为官当如山。对领导干部来说,为官当如山,就是要学习山的厚重端庄,有山一般的境界和气度,无论外界如何变化纷扰,始终像山一般坚忍不拔,保持自己的本色。"高山仰止,景行行止。"要向善向上,保持对崇高品德的敬畏向往之心,有一颗修身养性的善良之心,不断积极进取,坚定地提升品德和能力。"山不矜高自及天。"山的端庄厚重,源自底气十足。要淡定从容,处事谦和包容,面对得失心境淡然,面对困难处之泰然,面对恶意豁达坦然,踏踏实实干好自己的事,一步一个脚印登上顶峰。"风物长宜放眼量",应该把境界放高些、视野放远些、胸襟放宽些,求同存异、不计得失,受得住委屈、经得起误会,在不张扬中干大事。

领导要有一点孤独感。领导干部有孤独的时候,也需要有一些孤独感。孤独感不是整天板着脸,拒人于千里之外,而是在繁华喧嚣中有定力,不随波逐流,耐得住寂寞、守得住清贫;在不当利益面前勇于说不、善于拒绝。如果不会独处、不善独处，那么人格难以独立、思想难以成熟，在复杂局面面前会慌了手脚，在矛盾困难面前会败下阵来。孤独向来是与实干者相伴、与清廉者为朋。合群不会让一个人变得出众，有助于成长的恰恰是孤独。孤独是一种心灵的修行，无需豪情壮志，却需豁达之心；无需禁欲绝俗，却需冷静自持；无需归隐山林，却需淡泊名利。要有一股子英雄气，在孤独中守住初心、保持定力，在与自己独处中反省、思考、开悟，始终保持共产党员的风骨、气节、操守、胆魄，让思想沉淀、让思维澄明，更好地体察内心、感悟人生、洞悉世界，让孤独期成为最好的增值期。

大道至简，实干为要。真理很简单，就是要实干，实干才是最重要的。一实胜百巧。人这一辈子，不管什么时候，做人要真实，做事要踏实，做官要务实。要有真抓实干的劲头，立言立行，干工作闻风而动、雷厉风行、有的放矢，把工作做到点子上。要说到做到，决策定了就要条条算数，承诺许了就要逐个兑现，事情定了就要件件落实。"千里之行，始于足下。"幸福是奋斗出来的，必须不驰于空想、不骛于虚声，脚踏实地，一步一个脚印地稳扎稳打。"凿不休则沟深，斧不止则薪多。"新时代机遇和挑战并存，我们还有许多"娄山关""腊子口"需要征服，决不能取得一点成绩就鸣金收兵。领导干部在岗一分钟，就要战斗六十秒。要有实干的韧劲，把实干看作一场马拉松，学会把握节奏，干劲不泄、脚步不停、本领不降。

格局越大，越不纠缠；智慧越大，越不贪婪。格局是一个人的人格、品格、胸襟、胆识等因素的内在综合。格局决定结局，唯有大格局才能成就大事业。智慧是分析判断、选择处理、发明创造的能力，还是睿智的目光、广阔的思维、洒脱的言行、理性的生活方式、辩证的处事原则。作为领导干部，应当练就大格局大智慧，不纠缠细枝末节，不贪图金钱名利，善于观大势、谋大局、抓大事，做人有节、处事有道、进退有度。

大时代需要大格局。领导干部的大格局，就是心中常怀大局，自觉把工作放到大局中去思考、定位和摆布；就是正确把握大势，知形识势，顺势而为；就是"为天地立心，为生民立命，为往圣继绝学，为万世开太平"，"先天下之忧而忧，后天下之乐而乐"；就是注重涵养大气，敢于超越自我、突破自我。大智慧成就高境界。领导的大智慧，是指领导干部具有见微知著的眼光，善于把握与掌控大局，达到举重若轻、化繁为简的境界。领导干部的高境界，就是有理想、有信念，始终坚定共产主义远大理想和中国特色社会主义共同理想；就是不忘初心、牢记使命，始终保持共产党人的蓬勃朝气、昂扬锐气和浩然正气，永远同人民群众心连心；就是有气量、有修养，始终坚持以党的事业为重，襟怀坦白、光明磊落，讲党性、讲原则。

用品格来武装自己。品格是一个人的基本素质，包含了内在的思想、道德、品行等，决定了自己回应人生处境的模式，对个人的成功发展具有重要意义。一名领导干部如果品德高尚、公道正派、言行一致、知人善用、严于律己，就会产生无形的、巨大的人格力量，建立起可靠的威信；反之，如果在品格上出了问题，则必然威信扫地，失去领导力。要坚持修身立德，在实践中把做人与做官统一起来，把做人的过程作为完善自我人格、夯实从政基石的过程，把做官的过程作为提升政德境界、践行为民宗旨的过程。良好的品格并非天生，而是在后天通过学习、塑造逐步形成的。塑造好品格应当先养成好习惯，它需要我们开展有目的、有针对性、有计划的训练，产生思想行为上的惯性，从管理自我到影响他人，从以自我为中心到心中有他人，打造自己强大的品格影响力。良好的品格还要通过实践养成，多经历几次"热锅上的蚂蚁"，多接几回"烫手的山芋"，敢于面对大是大非、面对矛盾、面对危机、面对挫折失误，在不断摔打中锤炼过硬品质。

作风彰显形象，作为成就事业。作风是在思想、工作和生活等方面表现出来的比较稳定的态度或行为风格，包括思想作风、领导作风、工作作风、生活作风、学风、文风、家风等多个方面。作为是指真抓实干，用扎实的作风带动扎实的作为。对领导干部来说，作风和作为的问题本质上是党性问题，直接关系党风政风社风民风，关系民心向背。当干部，尤其是做领导干部，不应只是作风、作为的被动参与者，而应成为主动倡导者、积极践行者，努力做到作风过硬、作为过硬，以优良作风、实在作为，赢得认可和支持。要深入一线调查研究，经常迈入群众的门槛，把工作做到群众的心坎上，把群众的事当成自己的事来办，真心实意地纾民困、排民忧、解民难。要坚决破除"官本位"思想，坚决反对特权思想、特权现象，切实防止"四风"反弹回潮。

做人是做事的开始，做事是做人的结果。如何做人、做事，是每个人都必须面对和正确把握的大问题。做事先做人。一名合格的领导干部，必然是一个品德高尚、充满人格魅力的人。这种人格魅力是一种影响力、感召力，往往会成为无声的命令、无言的带动，它既不是靠权力压出来的，也不是靠别人吹捧出来的，更多的是靠自己的品德行为积累起来的。按本色做人，按角色办事。按本色做人就是要回归人性的本源，回到自己的本真，实实在在，本本分分；按角色办事就是要立足角色本身，找准职责定位，主动履职尽责。要做老实人、说老实话、办老实事，表里如一、言行一致，始终光明磊落、坦坦荡荡。要有清醒的角色意识，在其位谋其政、任其职履其责，知道自己的位置是什么，知道自己的权力、责任和义务是什么，扎扎实实做好本职工作。

"心正思无邪，意诚言必中。"所谓意诚，就是要真心诚意，一心为他人好，言辞恳切、情意深长；所谓心正，就是要心底坦荡、正直善良，想问题、办事情公道正派。意诚心正是做好领导工作必须具备的内在素质。不精不诚，不能动人。领导干部说话做事唯有以诚相待，捧出一颗真心、付出一片真情，设身处地为群众着想，想方设法为基层排忧解难，不断增进群众感情，才能深刻体会对方的感受，获得别人的尊重、理解与支持。心正一切都正。一个人有什么样的内心，就有什么样的世界。心正，则百邪不侵、行为不偏，做人做事就能时刻保持公心、分清是非对错，不为诱惑所动、不为私欲所蒙，做人做事才更有底气和硬气。要牢固树立马克思主义的世界观、人生观、价值观，始终做到做事凭公心、说话用真心、恕人以宽心、交友要诚心。

得理者心安，得道者神宁。理就是条理、道理、机理等，对社会而言，它是准则；道就是根本、关键和真谛，对社会而言，它是规律。一个人做的事情如果合乎情理、法律，能够经得起时间、实践的检验，内心就会坦荡从容、无所畏惧。反之，一个人如果做了坏事、亏心事，内心就会惴惴不安，时刻提心吊胆。无论做什么事，顺理而行往往如鱼得水，逆理而行难免四处碰壁。不管想问题、办事情，还是作决策，要想具有可行性、富于科学性，都必须明理、顺理，始终遵循事物发展的规律，才能把工作做得更合理。按照客观规律办事。要善于把平时零碎、肤浅、表面的感性认识，上升为全面、系统、本质的理性认识，增强认识规律、了解规律、把握规律的能力，使思想和行动既不落后也不超越客观实际。

要成功就不能有借口，有借口就不能成功。干成一件事，需要从多个方面想办法，从多个角度找出路；而不想干一件事，往往找出一个借口就够了。借口的表现形式各种各样，有的是埋怨客观存在的，有的是指责他人的，但归根结底都是为了减轻或免除自己的责任。一个敢于担责的人，遇事总会先从自己身上找问题，勇于承认错误，并善于从失败中吸取教训，加以改正。而习惯找借口的人，则缺乏正视自己错误的勇气，编造一堆理由来逃脱责任，即便侥幸没有受到惩罚，也会因此失去改正纠偏的机会。找借口不如找方法。从事领导工作，办难事、解难题是常有的，要少从外在方面找借口，多从自身方面找出路，多做可行性研究，始终以食不甘味、寝不安席的高度自觉和山登绝顶我为峰的自信，锐意进取、敢于拼搏，深入改革发展一线多做一些实事、多出一些成果。

历事才能练心，奋斗才能增强实力。人只有在事上磨炼，内心才会拥有强大的力量，个人也才能真正成长。越是艰苦环境、吃劲岗位，越是急难险重、矛盾凸显，越能锻炼人、考验人、激发人、成就人。不经历一些险峻情况，就无法磨出真功夫、练出"大心脏"。只有经过艰难困苦的磨砺，才能褪掉娇气傲气，锤炼出坚强的意志品质、高超的能力本领、过硬的工作作风。用奋斗成就未来。奋斗是一个民族自立自强、繁荣昌盛的基本条件，是一个国家开创历史、塑造时代的必然要求，更是一个人成功成才的唯一路径。新时代是奋斗者的时代。要不驰于空想、不骛于虚声，撸起袖子加油干，始终保持清醒的头脑和奋发向上的工作激情，奋勇当先、争创一流。

领导影响力之路径

领导影响力是指领导者以其身份和个性特征，有效地影响并改变被领导者心理和行为的能力。一个领导者是否能实现有效的领导，关键在于他的影响力如何。因为领导者都需要利用自身的影响力团结和领导下属，共同努力实现组织的统一目标。那么，领导干部该如何提升自己的影响力？

领导素质状况决定着领导政绩。领导素质是领导干部履行职责、发挥作用所具备的基本条件和素养的总和。办好中国的事情关键在党，关键在各级干部。中国特色社会主义进入新时代，新矛盾、新任务、新挑战层出不穷，一些干部"新办法不会用、老办法不管用、硬办法不敢用、软办法不顶用"等素质不高的问题，已严重制约着党的整体执政能力和水平。打铁必须自身硬。无论在什么样的岗位、从事什么样的工作、担任什么样的职务、身处什么样的境遇，领导干部都要做到信念坚定、为民服务、勤政务实、敢于担当、清正廉洁。要坚持用习近平新时代中国特色社会主义思想武装头脑、指导实践、推动工作，善于运用科学的理论思维分析解决问题，自觉养成良好作风，以上率下，超越自我，不断提高自己的素质。

信任是领导影响力的根基。人与人之间的交往，最基本的是靠信任。

有位哲人曾经说："所谓领导并不复杂，你只需记住和做到让别人信服你，乐于与你共事，激发自己的最大潜能去冲刺目标。"播种诚信，收获的不仅是信任，还有信任产生的影响力。所以领导干部做任何事情都要实事求是，一切从实际出发，以高度的事业心和责任感，正确行使权力，做到言必信、行必果。要把德才兼备、能力合适的人放到适合的岗位上，在充分信任的基础上合理授权、放手使用、强化监督，做到信而有"导"、信而有"助"、信而有"督"，既充分发挥下级的能动性与创造性，又提升信任带来的归属感、责任感，使整个集体更加富有凝聚力和战斗力。要始终相信群众、依靠群众，与人民群众同甘共苦、同舟共济，汇集实现中华民族伟大复兴中国梦的磅礴力量，克服前进路上一切艰难险阻，到达光辉的彼岸。

越投入，越不会离心离德。身体力行是最好的示范，以上率下是最有力的引导。领导干部一言一行、一举一动，无形中都在营造一种风气、倡导一种追求、引领一种方向，对干事创业氛围的营造乃至党风政风的形成都具有示范带动作用。只有身先士卒、以身作则，聚精会神抓工作，持之以恒作表率，才能形成无声的命令和强大的感召，上行下效、一呼百应。所以领导干部作为群众的主心骨，要自觉发扬钉钉子精神，沉下心来、心无旁骛扎实工作，久久为功、善作善成，真正发挥好"关键少数"的带头作用，赢得干部群众发自内心的理解和认同。要始终保持强烈的事业心、责任感，撸起袖子加油干，以自身的投入汇聚想干事、敢干事、会干事、干成事的正能量。要时刻保持攻坚克难、锐意进取的干劲，昂扬向上、奋发有为的冲劲，敢为人先、开拓创新的闯劲，躺着想事情、坐着议事情、站着干事情，带领广大人民群众干出新气象、实现新作为。

善于凝聚人才能办成大事。"人心齐，泰山移。"凝聚人就像核聚变，能够产生超越自身无数倍的巨大能量。领导干部无论自身多么优秀，个人的力量都是有限的，要善于运用个人的人格力量，把身边的人像石榴籽一样紧紧团结在一起，才能集体谋大事、共同干大事。要增进相互理解，善于营造生动活泼的工作环境，既讲原则又讲感情，既讲团结又讲斗争，通过集思广益，把大家的意见转化为集体的正确决策，推动大家心往一处想、劲往一处使，在共事、谋事、干事中增进团结。要高擎思想火炬，深入理解马克思主义的精神实质和思想精髓，努力掌握贯穿其中的立场、观点和方法，用真理的光芒引领人，团结带领群众听党话、跟党走。要加强政德修养，始终恪守立党为公、执政为民的理念，用人格魅力感召人，凝聚起推动事业发展的强大伟力。

领导的速度决定团队的效率。习近平总书记指出，事情定了就办、办就要办好，绝不允许拖拖拉拉、半途而废。作为一个地区、一个单位发展的"领头雁"，雷厉风行的领导带出来的也是风风火火的团队。能迅速发现问题、解决问题的领导，才能团结带领广大干部群众沿着正确方向干事创业。新时代的领导干部必须强化"现在就做、马上就办"的理念，凡事保持快节奏、追求高效率。要长计划、短安排，今日事、今日毕，不拖拉、不推诿、不拖延，在烦琐的事务中游刃有余。要坚持高标准、严要求、快速度、高效率，把上级精神与本地实际结合起来，系统设计、精心施工，工作使出最大力气、出手达到最优水平，不见成效决不罢休。要加大对决策执行的监督和责任追究，使一切不作为、慢作为、乱作为的行为无处遁形。

失败的团队里没有赢家。一个团队就如同划一条船，大家同舟共济，心往一处想、劲往一处使，就能朝着预定的目标快速前进；如果各有主张，各划各的方向，就会原地打转，甚至还会有全船倾覆的危险。领导干部无论搭班子还是干事业，要正确处理好个人与集体的关系，与身边的同志求同存异、团结友善、精诚合作、携手共进，共同到达胜利的彼岸。要立足自身岗位履职尽责，担当起该担的责任，做好应该做的工作，同时也要树立大局意识，增强合作意识，自觉把工作放到全局中去思考和谋划，发扬集中力量办大事的协作精神，通力合作、共克难关。要提升境界和格局，做到能容人、容言、容事，不拉"小圈子"、不玩"小九九"、不要"小心眼"，为共同的目标和理想努力奋斗。

心怀正义则勇气无限。正义的事业能够产生坚定的信念和巨大的力量，为此，人们愿意献出自己的生命，前赴后继地向着这种正义前进。作为党的执政骨干、推进党和人民伟大事业的"关键少数"，领导干部要保持共产党人的风骨、气节、操守、胆魄，带头坚守正道、弘扬正气，要对党的事业怀有坚定的信念，把人民利益看得比天还高，不为私利所动、不为私情所困，充满开拓进取、干事创业的勇气和智慧。领导干部要敢于直面艰难困苦、敢于投身大风大浪、敢于应对风险挑战、敢于承担责任过失、敢于牺牲奉献，为党和人民事业义无反顾、勇往直前，努力创造优异业绩。领导干部要有一种"以天下为己任"的抱负，敢想敢做敢当，敢挑最重的担子、啃最硬的骨头、涉最危的险滩，无所畏惧、心怀苍生，只有脚踏实地开展工作、破解难题，才能迎来事业发展的光明前景。

没有魄力，就没有领导力。所谓魄力，就是一针见血地切中问题的要害，大胆果断作出决策。领导干部在关键时刻所表现出来的魄力，是其自身素质的综合反映，也是事业赢得胜利的决定性因素。进入新时代，坚持和发展中国特色社会主义是一场伟大社会革命，领导干部要团结带领干部群众有效应对挑战、解决难题，没有魄力是做不到的。在错综复杂的形势面前，要始终保持政治上的清醒和坚定，牢牢地把握方向，驾驭全局。要增强预见性、科学性和创造性，抢抓机遇，看准了的事就大胆干，该出手时就出手，不犹豫、不懈怠、不畏难，敢于担当、敢于负责。增强多谋善断、临机决断的能力，深入调研、充分论证、慎重决策，始终做到胆大、心细、头冷，防止"拍脑袋"的异想天开和灵机一动的主观臆断，更不能犯战略性、颠覆性错误。遇到担责任的事要敢于拍板，出了问题要敢于承担责任，为敢于担当的下属担当，为敢于负责的下属负责。碰到棘手麻烦事，不要躲躲闪闪，要在关键时刻敢于挺身而出，迎难而上、攻坚克难，开创新局面。

自责使领导更有力量。汉代戴圣在《虽有嘉肴》中写道："知不足，然后能自反也；知困，然后能自强也。"意为知道不足，然后能自我检查，对自己提出要求；知道困惑，然后鞭策自己努力。领导干部要以"君子检身，常若有过"的心态，自责、自省、自律，才能不断提高自身素质和领导能力，才能得到干部群众的认可。要学会以人为镜，善于跳出自身看自身，客观地审视自己、认识自己，知道自己有多大能力，能干多大事情，才能校准自己的人生坐标，成长的空间才会更宽广。要客观冷静地分析他人之长，明辨己身之短，不急不缓、不骄不躁，脚踏实地、砥砺前行，扎实细致地做好自己分内的工作。要理性看待自身不足，闻过则改、有错必纠，在责怪别人之前，先反思自己；遇到问题和困难时，自己先主动承担，才能以理服人、以情动人、以行示人。要学会将心比心、推己及人，用积极向上的阳光心态看人看事，善意地对待别人的缺点和失误，多些宽容和沟通，少些责备和抱怨，做到恃才不自傲、有权不任性、大气不霸气。

承担责任是获得尊敬的重要方法。责任是一种发自内心、敢于面对、勇于担当的勇气。习近平总书记指出："有多大担当才能干多大事业，尽多大责任才会有多大成就。"一个人的事业，如果跟时代的崇高的责任联系在一起，就会有真正的社会价值。一个人能走多远、取得多大成就，取决于他尽了多少责、负了多大的责。尽的责任小，就有小的收获；尽的责任大，就有大的成就。同理，领导干部能承担多大的责任，就能在履职尽责中得到多少的尊重和认同，就能取得多大的成功。所以领导干部要做到守土有责、守土负责、守土尽责，应该做的事顶着压力也要干，必须负的责迎着风险也要担，做到"事不避难，义不逃责"。要爱岗敬业、只争朝夕，做到在位一分钟、奋斗六十秒，在履职尽责中体现价值、赢得人心、得到尊敬。

　　肯吃亏才会有权威，能吃苦才会有收获。吃亏者吃香，有为者有位。习近平总书记在同各界优秀青年代表座谈时勉励青年时指出："选择吃苦也就选择了收获，选择奉献也就选择了高尚。"我们党之所以能从小到大、从弱到强，得到全国人民的爱戴，就是因为在个人利益与集体利益、个人安危与祖国需要发生矛盾时，有千千万万个肯"吃亏"、愿"吃苦"的党员干部挺身而出。新时代的领导干部更要时刻铭记公仆身份，厘清"小我"与"大我"，舍得吃亏、甘于吃苦，保持始终在职在岗在状态。要坚守自己的本分，始终不忘为人民谋幸福的初心、为民族谋复兴的使命，坐得住冷板凳，心甘情愿做燃烧自己、照亮别人的蜡烛。要勤勉敬业，像老黄牛一样心无旁骛、勤恳踏实地耕作，甘心为工作吃苦、为群众吃苦、为事业吃苦，在破解难题中成长进步，在担当作为中收获和享受快乐。

如何提升领导干部的通识力

作为领导干部，要面对的问题、要作的决策涉及方方面面，这就需要掌握一些通行于不同事物之间的知识和价值观——通识。掌握了这些通识，领导干部就可以减少很多工作上的无知和避免很多决策上的重大失误。那么领导干部需要掌握哪些通识呢？

有智慧就有幸福。一个真正智慧的人，幸福将伴其一生。智慧的人知道自己爱什么、追求什么、想做什么，总能向着心中的梦想努力；智慧的人懂得珍惜、懂得感恩、懂得知足，心中没有沉重的包袱，心灵清澈，活得自然洒脱。执着于追求，人生就有质量有价值；心灵轻松疏朗，生活就充满阳光。领导干部必须有大智慧，知道自己从哪里来、到哪里去，为了谁、依靠谁、自己是谁。对领导干部而言，服务人民就是最大的智慧，也能够带来最大的幸福。要坚持以人民为中心的发展思想，把增进人民福祉、促进人的全面发展作为一切工作的出发点和落脚点，解决好人民群众最关心最直接最现实的利益问题，不断实现好、维护好、发展好最广大人民根本利益。要把人民对美好生活的向往作为奋斗目标，不断满足人民日益增长的美好生活需要，为人民幸福坚持奋斗、永远奋斗，在奋斗中收获最大的幸福、永远的幸福。

掌握并遵循常识。所谓常识，本意是指应知应会、无须特别学习的判断能力,也可以说是人所共知、无须解释或论证的知识,是最基础的、最平常的知识。常识是实践经验的总结、事物客观规律的反映。做人、做事、做官须臾离不开常识。自觉遵循常识做事,就能自然知道哪些事能做、哪些事不能做、哪些事该如何做,就能切合常理、符合常情,不会离谱。而"一切的蠢事,都是漠视常识的结果"。不按常识做事,就会犯低级错误,就会贻笑大方、遭人诟病。领导干部如果因为缺乏常识闹出笑话,不仅会降低自己的威信和领导力,而且会造成决策失误,危害群众利益,损害政府形象,影响党的事业。领导干部干事创业,应当自觉运用常识。要向书本学,学习经济、政治、文化、社会、生态文明等方面的常识;要向实践学,不断躬行和探索,认识和理解常识;要向内行人士求教,"入山问樵,入水问渔",汲取常识。

宏观中能具体,微观中有通识。宏观指从大的方面或整体方面去观察,研究的是一般和整体;微观指从小的方面或局部方面去观察,研究的是特殊和局部。宏观与微观相互联系、相互影响、相互补充。光有宏观视角,就会只见森林不见树木;只有微观视角,就会只见树木不见森林,二者结合才能既见森林又见树木。领导干部把宏观和微观结合起来,做到宏观中能具体、微观中有通识,才能把握住普遍中的特殊、特殊中的普遍。要做到宏观中能具体,在坚定不移、不折不扣贯彻落实党中央决策部署中,结合本地区本部门实际,找准结合点和突破口,创造性地开展工作。要做到微观中有通识,在推动各项具体工作中,自觉对标对表习近平新时代中国特色社会主义思想,对标对表党的基本理论、基本路线、基本方略,对标对表党中央决策部署,坚持方向不变、道路不偏。

有境界自成高格。境界是一个人精神和心灵所能达到的层次,是其人生意义和价值所在。冯友兰先生在《中国哲学简史》中提出,人生有四种境界:自然境界、功利境界、道德境界、天地境界。活在自然境界的人,依照本能生活,对所做的事没什么思考;活在功利境界的人,动机是"利己"二字；活在道德境界的人，出发点不是自己，而是社会和大众，以社会福祉为自己奋斗的意义；活在天地境界的人，超越了自我的有限性，消除了"我"和"非我"的界限，实现了天人合一、万物一体。人的境界不同，价值取向不同，志向追求不同，也必将实现不同的人生价值。中国共产党除人民利益之外没有自己的特殊利益。党的领导干部理当追求天地境界，登上人生的最高层次。"我将无我，不负人民。"这是共产党人的高境界，体现了党性和人民性的高度统一。有了高境界才能正确看待生与死、苦与乐、名与利、奉献与索取的关系。领导干部要把追求高境界体现在思想上，心里装着国家、民族和人民，任何时候都以党为重、以国为重、以民为重，对个人名誉、地位、利益等问题想得透、看得淡。要把追求高境界落实在行动上，在生死考验面前冲锋在前、无所畏惧，在困难考验面前吃苦在前、勇于担当，在公私考验面前大公无私、公而忘私，在"忘我"中找到"真我"，在"无我"中成就"大我"。

　　思想决定命运。落后是思想的落后，贫穷是思想的贫穷，思想决定出路，改变命运的唯一方法就是改变思想。领导干部做好思想的支配者，才能成为自己命运的主宰者。习近平总书记指出："我们解放思想、实事求是，大胆地试、勇敢地改，干出了一片新天地。"领导干部解放思想，才能敢为天下先，敢闯敢试、勇立潮头、奋勇搏击，把命运牢牢掌握在自己手中，为实现中华民族伟大复兴的中国梦而努力奋斗。领导干部的命运是与党的命运、国家的命运、民族的命运、人民的福祉紧密联系在一起的，更应当做解放思想的"尖兵"，把握好自己的命运。要努力学习新思想、改造旧思想，用习近平新时代中国特色社会主义思想武装头脑、指导实践、推动工作，廓清思想迷雾、固牢思想之元，不断增强解放思想、改革创新的胆识和本领。要努力展现新作为、实现新突破，以自我革新的勇气和胸怀，冲破思想观念障碍，突破利益固化藩篱，摆脱条条框框束缚，革故鼎新、勇闯新路。

"察势者明，趋势者智。"能够看清大势的人是聪明的，能够顺应大势的人是明智的。无论是《孙子兵法》的"求之于势"，还是《道德经》的"势成之"，都是强调要善于察势，从而谋势、蓄势、造势、借势、乘势、趋势、顺势，不断发展壮大。领导干部要善于察大势、趋大势。把握了事物发展的大势，懂得借势用力、顺势而为，就如同于千仞之山上推动千钧之石，遇到的一切困难和问题都会势如破竹、迎刃而解。领导干部必须善于识势而谋、应势而动、顺势而为、乘势而上。要提高站位、练就慧眼，胸怀全局、把握大势、着眼大事，从政治高度看问题，从大局大势看问题，用"望远镜"登高望远，用"显微镜"见微知著，做好战略谋划。要提高预见力，抓住苗头性、倾向性问题，用发展的、联系的、辩证的观点去分析研究，透过现象看本质，探索事物发展的普遍规律，找准切入点和着力点。要敏于知变，善于应变，密切注视、及时跟进，超前预警、从容应变，赢得主动、抢得先机。

要对局势了然于胸。局势，原指棋局形势，泛指一个时期内政治、经济等发展形势。对局势了然于胸，对困难、挑战、机遇和态势有清醒的认识，才能作出正确的决断。善于下棋的人，能够把左右胜败发展的"局"布好，能够控制影响棋局发展的关键，把棋局发展纳入自己预设的轨道。不善下棋的人，只从局部着眼，计较于一子半子的得失，常常因小失大。一个人只有掌握了局势，才能把各项具体的工作放到大局大势中去思考、去谋划、去推动，走一步看三步，抓得住重点关键，才不会见子打子、因小失大。领导干部要驾驭政治局面，必须把握局势。习近平总书记强调，要坚持从大局出发考虑问题，向前展望、提前谋局。领导干部必须学习马克思主义哲学，运用辩证唯物主义和历史唯物主义的思想方法，科学分析发展面临的机遇和挑战，全面看待前进道路上的主流和支流、出现的矛盾和问题。必须训练历史眼光和全球视野，善于站在长远和战略高度，把事业放到历史长河和全球范围来谋划推进。必须提高统筹思维能力，通盘考虑各种问题，统筹谋划、协调推进各项任务，把工作统筹得更科学、更严密、更有序、更合理、更高效。

有大气象者不讲排场。气象，就是一个人的气度、气概、气韵，反映的是他的修养、学识和境界。有大气象者志存高远、胸怀天下，不为世俗执念羁绊，不为虚名浮利蝇营狗苟，自然不会去讲排场。毛泽东同志以"为天下人谋幸福、为中国求独立"为己任，人格魅力十足，极具号召力、凝聚力、感染力和吸引力，但是他向来艰苦朴素、勤俭节约、反对浪费，从不讲究排场。大气象是内在的、长久的，人的气象越大气场也越大；排场是外在的、暂时的，排场越大气象越小。领导干部涵养大气象，要开阔胸襟，始终把人民放在心中最高位置，把为党和人民事业贡献力量作为最高追求，为坚持和发展中国特色社会主义不懈奋斗。要丰富学识，学有所长、学有所精，通过学习树立正确的世界观、人生观、价值观，坚定理想信念、提高政治素养、提升思想境界、完善知识结构、增长本领才干。要提升修养，锤炼道德操守，模范遵守社会公德、恪守职业道德、弘扬家庭美德、注重个人品德，讲政治、守纪律、懂规矩，做到爱党、忧党、兴党、护党。

大处看天下，小处看人心。"看"的"门道"掌握好，才能把情况掌握得八九不离十，打开工作的突破口。天下事千头万绪，从大处着眼，从大的方面观察、思考问题，才能立足整体、把握全局、抓住要害。习近平总书记强调："谋划和推进党和国家各项工作，必须深入分析和准确判断当前世情国情党情。"领导干部要知世情，端起历史规律的"望远镜"去细心观望，对错综复杂的国际形势有清醒的认识。要知国情，牢记"社会主义初级阶段是当代中国的最大国情、最大实际"，在继续推动经济发展的同时，着力解决社会发展出现的各种问题，更好推动各项事业全面发展。要知党情，牢记"全面从严治党是推进党的建设新的伟大工程的必然要求",坚持问题导向,保持战略定力,推动全面从严治党向纵深发展。民心是最大的政治,服务群众还须从小处入手。领导干部很多时候需要处理群众家长里短、柴米油盐的"小事",这些事对老百姓来说却是头等大事。"小事"反映民意。把群众的小事当作大事、难事,当成心事来做实做好,才能赢得群众的真心拥护和支持。回到基本是一切工作的本源。基本就是事物的本源和根本,是最起码的东西。基本的东西,往往最寻常、最普通、最不起眼,然而一切奥妙藏于基本之中,习武要练基本功,学习要掌握基本原理,科研要重视基础研究,基本的东西最简单,也最重要。基本点就是工作的根本点和着力点。抓住了基本,就抓住了关键要害、牵住了"牛鼻子"。习近平总书记强调:"中国共产党人的初心和使命,就是为中国人民谋幸福,为中华民族谋复兴。"这个初心和使命就是共产党人应当始终坚守的"基本"。领导干部干事创业必须回到这个"基本",坚持这个"基本",才能走正道、行大道、做大事。要始终守初心担使命,高举习近平新时代中国特色社会主义思想伟大旗帜,以绝对忠诚和实际行动践行"两个维护"。要始终坚持以人民为中心的发展思想,全力践行全心全意为人民服务的宗旨。要始终以滚石上山的奋斗姿态担起使命,认真履职尽责,勤于做事、敢于扛事、善于成事,团结带领人民群众为实现伟大梦想努力奋斗。

如何提升领导干部的学习力

当下,国际形势不断变化,国内发展日新月异,各种新问题、新矛盾、新思想层出不穷,学习的重要性和必要性越来越突出。领导干部只有不断学习,才能不断提高驾驭复杂情况的能力,才能在实践中解决好、处理好、协调好各种现实问题。同时,领导干部在学习的过程中,也要注重学习效果,学会如何学习,把握好提升学习力的途径与方法。

勤勉高于天赋。郭沫若先生曾说:"天资的充分发挥和个人的勤学苦练是成正比的。"张海迪因病造成高位截瘫,但她身残志坚、勤奋学习,被誉为"当代保尔"。方仲永五岁能文,天赋奇高,但没有后天的努力,最后泯然众人。勤勉是成功的途径、成才的保障。领导干部要想干成一番事业,必须始终勤奋,不断勉励自己,向着目标去努力。要养成勤勉的好习惯,让勤勉真正成为一种生活的方式,像衣食住行一样。要勤学,把读书学习当成一种生活需要、一种工作方式、一种精神境界,在不断学习中提高"八种本领",努力使自己成为学习型、知识型、研究型的领导干部。要勤思,牢记"一次深思熟虑,胜过百次草率行动",遇事多思考,把问题想得深一些、透一些,这样思路就更清晰、目标就更明确、工作就更到位。要勤政,恪守全心全意为人民服务的宗旨,想干事、愿干事、善于干事,履职尽责、担当作为,脚踏实地干好每一项工作。

好学慎思，悟道笃行。列宁曾说："我们不需要死读硬记，但是我们需要用基本事实的知识来发展和增进每个学习者的思考力。"习近平总书记强调，"在学习过程中，要结合自己的工作实际，脑子里经常装几个问题，反复思考"，"学习的目的全在于运用"。这都是在告诉我们，学习不能死学、死记，而要把学思悟行贯通起来，理论和实践联系起来，通过实践、认识、再实践、再认识的反复揣摩、反复比对、反复检验来升华提高。领导干部加强学习，一定要注重正确地把握学习方向、改进学习方法，多思多悟，用以指导实践、推动工作。要勤学，既读有字之书、也读无字之书，既读政治理论、也读科学知识，广泛涉猎经济、政治、历史、文化、社会、科技、军事、外交等方面知识，努力构建完备的知识体系。要勤思，学习掌握运用科学思维方法，多维度、多角度思考问题、发现问题、分析问题，提升科学思维能力，不断拓宽思维深度。要善悟，用心用力，仔细钻研，悟出人生道理、悟出真知灼见，不盲从、不逐流，努力形成自己的理念方法、思想建树。要践行，从实践中总结经验、累积做法，为工作中的研究、决策提供坚实的基础，在实践中提高运用知识推动工作的能力。

好记性不如烂笔头。人的记忆是有限的，随着时间的推移，记的东西越多，往往忘的东西也会越多，只有把看到的、学到的"好东西"记录下来，时时翻看、反复揣摩，才能记得深、记得牢。此外，将易忘之事随笔记载，不仅有助于计划明晰化、条理化，而且能够保证尽快落实、提高效率。领导干部必须善于"用笔"。要会划重点，用笔将学习过程中的重要内容进行勾勾画画，提取其中的重要部分，做出标记，便于以后的查看及回顾。要会摘抄，有意识地积累重要的语言、内容，将有价值的地方摘录下来，形成知识库。要会记笔记，将在工作生活中看到的、想到的，及时记录下来，用笔捕捉大脑中的"灵光一闪"。要勤加练笔，将所学所思用文字表达出来，做到用自由之笔写自己之见，增强文字表达能力，提高写作水平。

阅读成就思想。马克思阅读了1500多种书籍才写成《资本论》。习近平总书记爱读书可追溯到他的七年知青岁月，他带一箱子书下乡，在煤油灯下看砖头一样厚的书。俄国图书学家鲁巴金曾说："读书是在别人思想的帮助下，建立自己的思想。"一个人只有持续地、广泛地、大量地阅读，才能丰富头脑、拓宽眼界、开阔思路、活跃思想、跟上形势。领导干部只有多阅读，努力做学习型、思考型干部，才能不断丰富自己的思想宝库。要好读书，养成活到老、学到老、阅读到老的读书习惯，在读书中明辨是非美丑、在读书中提高能力素养、在读书中获得人生启迪、在读书中寻求人生乐趣。要读好书，虽然读书多多益善，但人的精力是有限的，读书也要有所侧重，要多读马克思主义理论著作，多读做好领导工作必需的各种知识书籍，多读古今中外优秀传统文化经典，多读自己爱好和感兴趣的著作。要善读书，学会"粗读"，善于抓住要点，从整体上对文章进行提纲挈领的把握；学会"精读"，对内容静心思考、认真分析、反复揣摩，用心领会书的精华、书的"灵魂"，通过自己的消化吸收，融入自己的思想。

书必当择而读，友必当择而交。英国作家菲尔丁说："不好的书也像不好的朋友一样，可能会把你戕害。"人和书的关系犹如人与人的关系一样，必须有所选择。"尽信书，则不如无书。"择书而读是"读书高"的不二法门，无论什么身份，身处什么环境，都必须择书而读。否则，将有可能陷入徒劳伤神、勤学无用、南辕北辙的迷途。领导干部要能够从汪洋书海中找到与自己"对上眼"的书、与自身工作关系密切的书、对自身成长有益的书，力争在有限的时间内取得最佳的读书效果。尽心而择，择善而交。曾国藩说："择友乃人生第一要义，一生之成败，皆关乎朋友之贤否，不可不慎也！"如果交到好友，他会指引你正确的人生方向，与你同行，时刻警醒你；如若交到坏友，他会将你引入歧途。领导干部既要垂头干事，更要睁眼看人，择真善人而交，择真实人而处，自觉净化朋友圈。要有正确的交友动机，从工作出发，从事业出发，从党和人民的利益出发，以德会友，多与普通群众交朋友。要守住交友底线，严格交友原则，心中有杆秤，谨慎交友，明白哪些人该交，哪些人不该交。

实践出真知，斗争长才干。领导干部要想成为本职工作的行家里手，就必须在实践中探求真理，在斗争中锤炼本领。实践是检验真理的唯一标准。读书学习客观上是一个去粗取精、去伪存真的过程，必须联系实际，通过理论的指导、利用知识的积累，来洞察客观事物发展的规律。领导干部只有认真实践、深入实践、反复实践，才能把握规律、获得真知、寻得真理。"人才自古要养成，放使干霄战风雨。"领导干部的才干不是与生俱来的，必须经受严格的思想淬炼、政治历练、实践锻炼，在复杂严峻的斗争中经风雨、见世面、壮筋骨，才能真正成为时代的劲草、真金。要强化思想淬炼，用习近平新时代中国特色社会主义思想筑牢思想根基，自觉主动学、及时跟进学、联系实际学、笃信笃行学，牢牢把握正确斗争方向。要强化政治历练，想问题、办事情、作决策，善于从政治高度出发和着眼，不断增强政治敏锐性和政治鉴别力，于一言一行中体现出敢于斗争的坚定性。要强化实践锻炼，多经历一些大事要事、急事难事，在急难险重任务中去磨炼自己，在困难逆境中磨炼意志，在实践中获取真知识。

不专则不能。从事任何工作、任何行业，唯有具备高超的专业本领，保持始终如一的专注，专心致志、心无旁骛，才能不断取得进步。进入新时代，各种复杂的新情况、新问题、新矛盾、新任务不断涌现，领导干部只有专心、专注、专业，才能紧跟时代、破解难题、精益求精、干出实绩。要专注于工作、执着于追求，不拘泥于以往的经验，不照搬别人的做法，力求做得更好，才能成为工作的行家里手，才能出真政绩、实政绩、好政绩。要有专注精神，保持一颗"匠人之心"，摒弃"得过且过""差不多"等思想，专注于工作的每一个细节，爱岗敬业、深度工作，不浮躁、不马虎，锤炼精益求精、一丝不苟、坚忍不拔的品质，以不达目的不罢休的韧劲，在精细中出彩，在执着中优秀。要有专业本领，从自己的实际出发，紧跟自己专业领域知识更新的步伐，尽快补齐能力、素质和方法短板，练就独到的专业思维、专业眼光和专业能力，求新求深，始终瞄准前沿，使自己精于内行。

信息不能代替知识。信息就是音信、消息，泛指人类社会传播的一切内容。当下，有的人乐于通过玩手机、看网页获取信息从而代替学习，美其名曰"学习信息化"，其实却背离了学习的本质，不仅解不了惑，而且容易"淹死"在浩如烟海的各类信息里。信息代替不了知识，即使是有价值的信息，也可能是碎片化的，往往只能反映事物的表象。领导干部只有学得真知才能透过现象看本质，不被蒙蔽和干扰，也只有学会鉴别信息才能真正从中获取知识。要建立自己的知识体系，将知识系统化，使其与岗位相适应，并根据知识体系需求，有针对性地对知识体系进行充实，不断"进货"，让自己的知识体系保持清清爽爽不干瘪。要对信息进行"加减乘除"，通过了解、掌握信息扩大知识面，在复杂信息表象下厘清思路，取其精华、去其糟粕，结合自身实际，进一步将信息转化成知识，不断丰富知识库，并用学到的知识指导实践。

处处留心，变所看为学问。古人云："无一事而不学，无一时而不学，无一处而不学，成功之路也。"学问来自方方面面，大到社会整体，小到衣食住行，只要留心观察，就能获得知识。科学家从蝙蝠身上得到了启示，解决了飞机不能夜行的问题。牛顿通过苹果的落地引发了思考，通过实验最终发现了万有引力定律。莫泊桑用眼睛去观察生活、认识生活，终于写成了小说《点心》，成为世界著名的小说家。在所有看来很平常的每日发生的事情里都有高深的学问，只要肯发现，都能长见识。领导干部要有一双善发现的眼睛和一个善思考的大脑，将所看到的变为学问，并运用于实践。要留心看，留心周围发生的每一件事情，保持敏锐性，练就一双"火眼金睛"。要留心想，在观察的基础上分析思考，分析原因与结果、必然性与偶然性、可能性与现实性、现象与本质、内容与形式，通过分析思考，探寻事物客观规律。要留心问，对自己所见到的事情多问为什么，为什么这件事情要这样做而不是那样做，通过提问，找寻事物存在的矛盾，在问中求得真知。

　　学习力的核心是转化。学习力是把知识资源转化为知识资本的能力。一个人学习力的强弱不在于学习了多少，而在于有多少能真正学以致用。作为领导干部，必须把研究和解决重大现实问题作为学习的根本出发点，自觉运用理论改造主观世界和客观世界，通过学习增强工作本领、提高解决实际问题的水平。要把学习力转化为政治信念，通过理论上的清醒坚定理想信念，在大是大非面前旗帜鲜明，在风浪考验面前无所畏惧，在各种诱惑面前立场坚定，在关键时刻靠得住、信得过、能放心。要把学习力转化为知识素养，通过学习增长知识、增加智慧、增强本领，向外找差距、向内补短板，不断延伸知识半径，扩大知识容量。要把学习力转化为行动力量，把学习成果体现到工作能力和水平提升上，体现到解决实际问题上，体现到丰富的工作成果上。

如何提升领导干部的预见力

毛泽东同志曾说:"坐在指挥台上,如果什么也看不见,就不能叫领导。坐在指挥台上,只看见地平线上已经出现的大量的普遍的东西,那是平平常常的,也不能算领导。只有当着还没有出现大量的明显的东西的时候,当桅杆顶刚刚露出的时候,就能看出这是要发展成为大量的普遍的东西,并能掌握住它,这才叫领导。"所以,领导干部作为"领头雁"和排头兵,应着力增强工作的预见力,对可能发生的问题有科学的预判、准确的把握,做到未雨绸缪、有备无患,从而下好先手棋、打好主动仗。

"先谋后事者昌,先事后谋者亡。"无论做任何事,只有预先运筹帷幄、多谋善谋,预判事物发展方向,才容易取得胜利。战争期间,毛泽东同志无论做什么事情,总是在不断地分析国内国际形势,不断地分析敌我的力量和情况,在做好充分的准备后,才作出决策,不出手则已,一出手必制敌。领导干部想要做好事、做成事,就得事先有谋划、行动有步骤、遇事有对策,有条不紊推进各项工作。要谋思路,不断增强战略思维、辩证思维和创新思维,把握全局、关注整体、研究变化,遵循科学决策规律,站高些、看远些,会算账、算大账,确保信息明、思路清。要谋计划,善于结合实际制定高低适当、可操作性强的计划,根据长远计划做好短期安排，定期列出工作清单，尽可能做到日清月结，从而达到积微成著之效。要谋行动，对错综复杂的工作进行分析比较，抓住对全局影响最大、最有决定意义的关键性问题，紧盯不放，协调好各方关系，集中力量解决。

预测未来最好的方法是创造未来。现在是过去的未来，现在的一切又将为未来打下基础。历史不能选择，现在可以把握，未来可以开创。敢于接受挑战、善于把握机遇、勇于创造明天，就是对未来最好的预测。领导干部只有把握住当下，懂得今天即未来，学会展望远景、把握方向，做好应对未来的准备，缜密谋划、真抓实干，才能创造和实现美好未来。要在谋划中创造未来，把对策想在前，把工作做在先，根据大局大势，结合自身实际，多角度、全方位观察事物，不断增强工作的预见性、前瞻性，超前研究，超前思考，力求有"先见之明"。要在实干中创造未来，用实干打破前进中的壁垒，用实干的理念引领事业的发展，对看准了的事，当机立断、不等不靠、果断行动，大胆试、大胆闯、大胆干，以不怕失败、不怕风险、不怕挫折的精神大胆作为、拥抱未来。

"图之于未萌，虑之于未有。"领导干部要能通过观察和分析推断事物发展趋势，制定长期工作战略，规划短期工作目标。要有"大图样"。一个国家、一个地方要想有长远的发展，就必须制定长期性的战略计划，才能把握主动、赢得先机，有效应对重大挑战、抵御重大风险、克服重大阻力、解决重大矛盾。领导干部必须学会用长远的战略眼光看问题，立足当前、把握形势、预判未来，多干打基础、管长远的事，保持工作的稳定性和连续性。要有"小图样"。"不积跬步，无以至千里。"光有远大目标还不够，还要善于将目标具体化、阶段化，也就是要有短安排，从细从实，计划好每一步要完成的事情，这样不仅能够知道每一步要做什么、做了什么，还可以对工作进行有效控制，及时纠偏纠错，让每一步的小目标、短安排的成绩，都成为完成长期目标路上的阶梯和里程碑。

领导干部要做足功课、下足功夫，认真分析工作的每一个阶段、每一个环节、每一个节点，认真制订详细工作计划，认认真真抓好落实，用苦功实功开路，用韧劲恒心搭桥，排除万难，接近目标，实现目标。

治于未病方可经略将来。古人云："治已病不如治未病。"趁病灶较浅、病情较轻的时候及早发现、尽早治疗，防患于未然，远比病入膏肓再想办法要省事得多，治疗起来也更加彻底。这体现的是一种敏锐的洞察力和细微的观察力，是做好领导工作的必备能力。领导干部要会"望"，学会观察，在日常监督中"察言观色"，瞪大眼睛，看全看深，从"蛛丝马迹"中及时捕捉相关信息。要会"闻"，具备敏锐的"听觉"，善于倾听、善闻其声，听到真实想法，从中发现和分析存在的问题。要会"问"，经常开展谈心谈话，真正问到核心、问到实质，发现苗头要及时提醒，有了问题要及时谈话诫勉。要会"切"，结合"望、闻、问"，看是否有违反纪律规定、滥用权力等情况。最终通过"望、闻、问、切"，做到无病常防、初病早治、有病快治、重病严治。

眼中形势胸中策。身处发展变化日新月异的新时代，领导干部做到知形识势，拿出应对策略，才能有备有方、行稳致远。"形"即已经呈现的状况，是当时当下的具体实在；"势"即还没有出现、将要出现的形状及趋向。领导干部要知大形，熟知世情、国情、党情、民情，了解形势任务、地方发展、岗位需求，吃透上情、洞察外情、熟悉下情，知晓地方、单位、部门的真实情况，既掌握实情，也牢牢把握形势变化。要明大势，始终保持清醒的头脑，以小见大、由表及里，抓住事物的本质，预料事物的发展，以审慎态度，察微而知著，见始知终，防患于未然。要谋大局，充分发扬民主、善于运用集体智慧，根据宏观形势、变化态势、发展趋势作出科学预测和准确判断。

事前要小心，临事要胆大。万事开头难，凡事开始前要小心谨慎，准备周全；开始干事后，就不要畏首畏尾，大胆闯、大胆干，才能干有所获。这就要求领导干部既要事前小心谨慎、周密细致做好准备，又要临事不慌、大胆果断、沉着冷静抓好落实。凡事三思而后行。领导干部要思于前，多想在实际操作过程中会遇到的困难和问题，多考虑是否能达到预期目的，结果是否有利于发展、改善民生。要思方法，充分思考怎么做、用什么方法做、在什么时机做、做到什么程度。要思决策，着眼于解决突出矛盾和主要问题，多论证决策的可行性，是否严谨科学，是否有针对性和可操作性，精准制定政策。畏首畏尾，终难成事。习近平总书记强调："路子找到了，就要大胆去做。"当今世界正处于百年未有之大变局，情况瞬息万变、机会稍纵即逝，如果临事时畏首畏尾、患得患失，必定错失良机、贻误事业。领导干部无论做什么事情、无论面对什么情况，一旦作出决定，就要立即地、坚决地付诸实施，时刻带着一股子韧劲和闯劲，大胆走前人没有走过的路，大胆做前人没有做过的事。

真正的危险，是没人和你谈危险。"言能听，道乃进。"领导干部想问题、作决策、办事情倾听多方面的意见，是防止和纠正偏差、避免失误、减少风险的"参照坐标"。大家都说好，不一定真的好。"兼听则明，偏信则暗。"领导干部少犯错误、少走弯路，一个重要方法是广开言路、开门纳谏。要听顺耳之言，也要听逆耳之言；要听成绩，也要听批评。全面听、客观听，做到有则改之、无则加勉。场面话不可当真。场面话犹如"精神鸦片"，容易上瘾，"语言贿赂"听多了，把场面话当真，会错估自己的能力水平，领导干部应多一点理性和清醒，少一点虚荣和浮躁，以冷静处之，保持内心的笃定。

盛时当为衰时计。一个国家、一个社会、一个组织、一个人，生存和发展最主要的威胁，往往不是突如其来的重大灾难与变故，而恰恰是在繁盛掩盖下的那些不易察觉的、缓慢积累起来的风险和懈怠。历史上有很多类似的教训。唐代开元盛世后，玄宗安于现状，骄傲怠惰、沉溺享乐，终致安史之乱；清朝康乾盛世后，朝野上下扬扬得意于文治武功，奢靡腐化、放松吏治，转而走向"嘉道"中落。今天，虽然没有战场上的烈火硝烟，但仍然面临着"四大考验""四种危险"。一旦麻痹大意、放松戒备，党的执政地位必将受到严重影响。领导干部必须全面提升对各类风险的感知力、洞察力、预判力、把控力，增强忧患意识，提升对风险的预见性、敏感性、警惕性，既防大概率较为普遍的"灰犀牛"，也防小概率不太常见的"黑天鹅"，对各类风险苗头始终不能掉以轻心。要常思应对之策，把工作的基点放在预防上，善于把握事物的发展趋势，把各种可能的情况想周到想透彻，把各项应对措施制定得周详完善，最大限度地把矛盾问题化解在萌芽状态。

慎权如始无败事。树高千尺，源于根部沃土的滋养。领导干部手中的权力，是党和人民赋予的，只有审慎对待权力，才能不为权所累、不为权所缚，从而成就事业、成就自我。要慎权，有权不任性。领导干部不论职务多高、资历多深、贡献多大，都必须自觉恪守权力边界，坚持"法定职责必须为，法无授权不可为"。要慎始，牢记一切权力属于人民，任何人都没有法律之外的绝对权力，把人民拥护不拥护、赞成不赞成、高兴不高兴、答应不答应作为衡量一切工作得失的根本标准，始终保持如临深渊、如履薄冰的谨慎，管严管住第一次、第一步。要慎终，树牢法纪意识，任何一项权力的行使，该遵循什么程序、该遵守什么规矩、该遵从什么制度，都必须严格遵守，不能越界、越轨，自觉接受来自上级与下级的监督、党内与党外的监督、组织与群众的监督、社会与媒体的监督，把心有所畏、言有所戒、行有所止坚持始终。

事先的警告乃是最佳的准备。预警是指预先发布警告，实现信息的超前反馈，为及时部署、防风险于未然奠定基础。自省自警是大智慧。这方面，古人的"澡雪而精神""澡身而浴德"，如今的"照镜子、正衣冠、洗洗澡、治治病"等，都强调自我反省、省察克治，以除思想之垢，革行为之弊，保持克己奉公。领导干部要学会自我预警，要敲警钟长记性，增强全面从严治党永远在路上的主动性自觉性，自觉对照反思，引以为戒，坚持用"六把尺子"规范言行、规范用权，在剪除思想枝蔓、校正行为边际中强化"抗腐蚀"性。要知敬畏严自律，听党话跟党走，党中央倡导的坚决响应，党中央要求的坚决照办，党中央禁止的坚决不做，遵纪守法、做事担当、用权谨慎。要强定力固防线，以政治立场的坚定和政治敏感的自觉，强化政治定力，加强党性修养，固牢自律防线，以身作则、率先垂范，杜绝伪忠诚，不做"两面人"。

成功与风险同在。领导干部既要有对成功的追求，又要有应对风险的能力，才能化解危机，有所成就。要正确看待成功与风险，当身处逆境的时候，自我激励，认识到这是成功的开始；当身处顺境、踌躇满志之时，也不忘乎所以，而是积极预防可能发生的风险。要以一颗平常心对待得失，既要学会享受成功的喜悦，也要加强应对风险的本领。化危为机，方能制胜。危机是危险和机会的结合，任何危机都蕴藏着新的机会。当危险到来的时候，如果能进行积极的转化，危机不但不是真正的危险，反而会是机遇。领导干部在危机面前必须冷静沉着，在准确认识和判断危机类型的基础上，运用逆向思维，分析危机，挖掘机会，把危机变为机遇。要强化从容应对危机的能力，在危急时刻、紧要关头洞见事物发展的本质，抓住机会、另辟蹊径，灵活解决问题、化解危机。

后 记

这本书由两个部分组成，即"领导方法""领导艺术"。第一部分围绕"领导方法"这一主题，从 14 个方面进行论述；第二部分围绕"领导艺术"这一主题，从 12 个部分进行论述。很显然，这些只是自己的一些思考和认知，并未作系统全面的探讨。书中错漏之处在所难免，敬请读者批评指正。

本书的出版得到国家行政学院出版社的大力支持和帮助，在此表示真诚的感谢！

晓　山

2023 年 3 月